メタ認知

あなたの頭はもっとよくなる

三宮真智子
大阪大学名誉教授・鳴門教育大学名誉教授

755
中公新書ラクレ

序章

なぜ頭がよくなったの？

中学一年生の秋のこと、授業が早く終わった穏やかな午後でした。その日私は、同じクラスのレイコさんとたまたま二人で下校しました。のどかな風景の広がる通学路を、教科書の詰まった重いカバンを揺らしながら歩き、とりとめのないおしゃべりを続けていたのですが、ふと、レイコさんが私に尋ねたのです。

「あのさぁ、〇〇ちゃん（私のこと）って、なんで中学に入ってから急に頭がよくなったの？」

たぶんレイコさんは、私がかなり不器用な人間であることを見抜いており、小学校の時の本当にパッとしなかった私の成績が、中学で少しマシになったことを不思議に思っていたの

でしょう。ふいに受けた質問に、私も答が思い浮かばず、

「うーん、なんでかなぁ」

と間の抜けた返事をして、二人で首を傾げました。

私は最初に入学したミッション系の私立小学校でつまずき、その後は引っ越しに伴う転校はあったものの、ずっと公立小学校に通い続け、そして地元の公立中学校へと進みました。両親は私に「勉強しなさい」とも言わず、塾に行かせることもありませんでした。小学校時代の私は、宿題だけは何とか片づけるものの、それ以上の勉強が必要だとは思いもしませんでした。ついでに言うと、授業中も他のことを考えたり、ぼんやりと空想を巡らせたり、教科書やノートへの落書き（主にイラスト）にせっせと励んだりしたものです。

そんな私も、中学に入ると、学習内容が増えたり教科担任制になったりで、少し身が引き締まりました。親も、子どもに勉強を強要しないという姿勢は変わらないものの、なんとなく「中学生の親」としての自覚からか、今どんなことを学校で勉強しているのか、などと聞いてきたりするようになりました。

私にとっての学習内容の大きな変化は、英語科が始まったことです。当時、英才教育の英語塾はあったかもしれませんが、公立小学校では英語を教えることはなく、中学校で初めて

“I have a pen.”などから習い始めるのです。単語を覚え、文法を理解し、文章を読みこなしたり、自分でも簡単な英作文ができるようになったりと、白紙の状態から、できることがどんどん増えていく……それは私にとって、この上なく興味深い体験でした。英語が大好き、というのとは少し違います。「自分の頭の中で起こる変化」が面白くてたまらなかったのです。もちろん他の教科でも、小学校時代とは比べものにならないほど多くのことを学び始めましたが、「初めて学ぶ」という感じではありません。たとえば数学は、算数よりも難しくはなりましたが、やはり算数がベースになっています。しかしながら、英語は違っていました。まずは声に出して読めるようにする（発音の仕方を覚える）ところからのスタートでしたから。

頭の使い方

さて、そこで私が何をしたかというと、自分の頭の中を「観察」し始めたのです。言い換えれば、自分の記憶や理解の状態をモニターし始めたのです。「これは、前に覚えたので、すでに知っている」「今、これを覚えた」「これは、よくわかる」「これは、わかっていないな」といった具合に。そしてさらに、「どうすれば英単語を確実に覚えられるか」「英語の文がすらすら作れるようになるには、どうすればよいか」などを工夫し始めたのです。自分の頭を実験台にして、「こうすればいいのでは?」と予想を立て、いろいろと実験を繰り返しました。この実験は、当時の私にはとても面白く、しかも驚いたことに、テストの成績にもよい影響を与えたのです。また、この学び方についての実験は、他の教科にも応用できました。そんなわけで、学ぶことにあまり熱心ではなかった、少しぼんやりした小学生は、中学に入ってから、学び方が少しだけ上手になったのです。

冒頭のレイコさんの質問には、次のように答えればよかったのかもしれません。

「あのね、頭がよくなったって言うか、頭の使い方が、ちょっとだけうまくなったんじゃないかな」

今にして思えば、私は中学に入った頃から、自分の頭をどのように使えばよいかについて考え、頭の働きを客観的・俯瞰《ふかん》的にとらえるというメタ認知を活用し始めたのです。もちろん、それが「メタ認知」と呼ばれるものであることなど、当時は知る由もなかったのですが。

さて、その後。高校入学以降、私の頭は「よくなったり悪くなったり」しました。頭がうまく使えている時もあれば、自分でも「最悪」だと感じることもあり、成績は上がったり下がったり。

自らの頭の状態をしっかりモニターし、学習方略を上手に使うことができれば、それだけで効果的な学びが達成できるのかと言えば、そうではありません。頭を十分に働かせて学ぶためには、実は越えなければならないさまざまな障壁があったのです。

人間は、感情に左右される生き物です。そのため、気持ちがぐらぐらして不安定であったり、他に心配ごとや興味の対象があって意識を集中できなかったり、意欲が湧かなかったりすると、たちまち頭の働きは影響を受けてしまうのです。加えて、私たちの心を惑わせるのは、周囲の人たちとの人間関係ではないでしょうか。

とりわけ青年期は、友人関係や親との関係など、人間関係に過敏になる年頃です。もちろん成人期になってからも、人間関係の問題は続きます。友人関係、恋愛関係、結婚等による新たな家族関係、職場の人間関係など、私たちが直面する人間関係の問題は、ますます複雑になっていきます。

よりよく学び続けるためには、こうしたさまざまな要因に対応していく力が必要になります。メタ認知を、学び方だけではなく、私たちの学びを取り巻く日常のさまざまな問題に対しても働かせることが求められるのです。

本書では、このような観点から、メタ認知をどのように活用すれば、頭の使い方が上手になるのかを考えます。どうすればメタ認知で私たちの頭の働きをよい状態に保ち、効果的な学びを実現することができ、結果として頭をよくすることにつながるのか、そして、そのメタ認知能力をどのように育てることが可能なのかを、私なりの観点から論じていきたいと思います。

また同時に、頭がよいとは、いったいどういうことなのか、学ぶことと頭のよさはどう関係するのか、さらには、メタ認知の本質的な役割とは何か、といった問題を少し掘り下げて考えてみたいと思います。

私はもともと、あまり器用ではなく、とりわけ自分の考えを人に伝えることや人の話を聞いて理解することが苦手でした。そのため、幼稚園や小学校低学年の頃には、出来の悪い子どもとして、立派な「烙印《らくいん》」を押されていました。本質的に不器用なところは、実は今もあまり変わっていないのですが、長じて多少の知恵をつけ、どうにかこうにか今日までやってこられたという次第です。その知恵とは、メタ認知を働かせることです。

遠い昔の秋の日の午後、お気楽な中学一年生は、その後何十年もの歳月を経て、友人と交わした会話をふと思い出して本を書くことになろうとは、思ってもみませんでした。

目次

第2章 頭のよさとメタ認知

第4章 メタ認知で気持ちを整え、やる気を出す

イラスト／著者
図作成／(有)ケー・アイ・プランニング
表作成・本文ＤＴＰ／今井明子

メタ認知　あなたの頭はもっとよくなる

第1章　メタ認知の働き

メタ認知とは何か

「メタ認知」という言葉を、最近よく目にするようになりましたが、少し意味がわかりづらいという声も聞きます。メタ認知とは、本来、どういう意味なのでしょう？

「今日は朝から、頭の調子がよくないな。体調が悪いせいだろうか」

「さっきのAさんのプレゼンは、少しわかりにくかった。話の順序を変えるとよくなるのに」

「しまった！　同僚への説明の中で、大事なポイントを抜かしてしまった」

「息子をいきなり叱りつけたのはまずかった。まずは怒りを抑えて、冷静に話せばよかった」

「せっかくスーパーに行ったのに、卵を買い忘れた。面倒がらずに買い物メモを作るべきだった」

日常生活の中で、このように考えたことはありませんか？　実は、頭の中に湧いてくるこうした思考は、メタ認知と呼ばれるものです。もちろん、メタ認知はネガティブな内容ばかりではありません。次のようなポジティブなものもあります。

「Aさんの話が聞き手を引きつけるのは、たとえ話が適切だからだ」

「レポートの内容が頭の中でうまくまとまらなかったが、いったん書き始めると、スムーズに進むものだ」

「最近、うちの娘は、うまく意見を言えるようになった。論理的な思考ができるようになったのかな」

このように私たちは、ふだんからある程度、メタ認知を働かせているのです。

「メタ認知とは、一言で言うと、認知についての認知です」

私は講演の冒頭で、このように話し始めることがあるのですが、そう言われても、初めての人にはピンと来ないでしょう。そもそも認知とは？　それは、頭を働かせることです。心理学では、見る、聞く、書く、読む、話す、記憶する、思い出す、理解する、考えるなど、頭を働かせること全般を指して認知（cognition）と呼びます。頭の中で行われる情報処理と言い換えることもできます。私たちは朝起きてから夜寝るまで、何らかの情報を処理していますから、ほぼ一日中認知活動を行っているわけです。私の専門でもある認知心理学と呼ばれる研究分野は、この頭の働きについて研究する分野です。

cognitionは「認識」と訳されることもあり、現在では一般に認知心理学と訳されるcognitive psychologyを「認識心理学」としている本もあります。同様に、「メタ認知」が「メタ認識」と表記されている場合もありますが、両者は同じ意味です。また、「メタ」という語は、ギリシア語に由来する接頭語であり、「～の後の」「高次の」「より上位の」「超」「～についての」などという意味を表します。したがって、メタ認知とは、認知についての認知、認知をより上位の観点からとらえたものと言えます。自分自身や他者の認知について考えたり理解したりすること、認知をもう一段上からとらえることを意味します。自分の頭の中にいて、冷静で客観的な判断をしてくれる「もうひとりの自分」といったイメージを描いてみると、少しわかりやすくなるかと思います。たとえば、図1のようなものです。

本書のメインテーマである「メタ認知」は、あらゆる認知活動について想定することがで

図1　認知とメタ認知の関係

メタ認知
認知
きっと、こうだよね
本当にそれでいいの？
他の考え方はできないの？

きます。たとえば、記憶についてのメタ認知はメタ記憶と呼びます。何かを覚える、思い出すといった活動は、記憶という認知のレベルですが、「どのように覚えたら忘れにくいか」「覚えたことを思い出せそうか」などと考えるのはメタ認知のレベルです。

また、メタ理解は、「私はテキストの内容を理解できているか」「どのような順序で学ぶと理解しやすいか」などと考えることや、理解に関連する知識です。学ぶこと、つまり学習に関しては、メタ学習という概念があり、学習をさらに一段上からとらえた思考や知識を指します。たとえば「どうすればよりよく学べるか」と考えることや、それについての知識などです。

本書では、効果的な学びによって頭の働きをよくすることに関わる、広い範囲のメタ認知を取り上げていきたいと思います。

「メタ認知」という言葉はどこから来たのか

メタ認知という言葉は、実はそれほど古くから用いられていたわけではありません。一九七〇年代に発達心理学者のジョン・フレイヴェルやアン・ブラウンが、この言葉を使うようになりました。彼らの研究では、幼い子どもたちはまだメタ認知を働かせることができず、年齢とともにメタ認知能力が発達していくことが示されています。

たとえば、小さい子どもたちは、自分の記憶力を過信しており、いくらでも覚えることができると考えてしまいがちです。一般に小学校に入る頃までは、この状態が続きます。とうてい覚えきれていないのに、「全部覚えられたよ！」と言ったりするわけです[1]。この自信満々の状態は、メタ認知とりわけメタ記憶が不十分なために起こります。

他にも、自分が理解できていないことに気づかない、言い換えればメタ理解ができていない状態も、子どもたちに多く見られます。小学生に、「ゲームをしよう」と誘いかけ、ゲームの説明をする中で、抜かしてはならない重要な説明をわざと抜かしておき、ゲームの仕方がわかったかどうかを問う実験があります。二人一組で行うカードゲームで、裏返したカードを両者に同じ枚数だけ配り、順番に一枚ずつ表に返して、最後に特別なカードをたくさん持っていた方が勝ち、というルールです。ここでわざと、肝心の「どれが特別なカードなのか」を言わずにおきます。結果は、小学一年生ではなかなか説明不足に気づかないのに対して、三年生は気づきやすくなるというものでした。[2] つまり、一年生ではまだメタ理解が十分に働かず、自分が理解できたかどうかをきちんと判断できないということです。「何か質問はないですか?」と聞かれても、彼らは「ない」と答えたのです。

もちろん、こうしたメタ認知の発達には個人差が大きく、「何歳になったから、できるはず」と一律に判断してしまうのは危険です。また、同じひとりの子どもであっても、自分のよく知っていることやなじみ深い内容についてはメタ認知が働きやすく、初めての内容については メタ認知が働きにくいといったこともあります。これは、私たち大人についても言えることです。

メタ認知的知識

私たちは、「私の記憶は完ぺきではない」ということを知っています。また、「私たちは、多数派の意見に流されやすい」といったことや「講義を聞く時には、忘れないようにメモをとるとよい」ということも知っています。こうした知識は、「水は酸素と水素からできている」「三角形の内角の和は一八〇度である」などの知識とは異なり、自分を含めた人間の認知についての知識です。これをメタ認知的知識と呼びます。言うまでもなく、この「認知についての」という部分が重要であり、たとえば「人間はほ乳類である」というのは、人間についての知識ではあってもメタ認知的知識ではありません。

メタ認知的知識を持つことは、メタ認知を働かせる上でとても重要です。たとえば、「私の記憶は完ぺきではない」と知っているからこそ、忘れてはならないことを記録しようと考えるわけです。また、自分の記憶とＡさんの記憶が食い違っていた時にも、自分の記憶を疑ってみることができるため、「Ａさんは、まちがっている」と決めつけてしまうことを避けられるわけです。もちろん、Ａさんの記憶がまちがっている可能性もあり、さらには二人ともまちがっている可能性もあるわけですが。こうした、偏りのない判断をする際に、メタ認知的知識が非常に役立つのです。

さて、メタ認知という言葉を使い始めたフレイヴェルは、もともとメタ認知的知識を大きく、次の三つに分けました[3]。

・「人変数」に関する知識
・「課題変数」に関する知識
・「方略変数」に関する知識

これらをわかりやすく言うと、メタ認知的知識は次の三つの要素に分かれるということです。

（1）人間の認知特性についての知識
（2）課題についての知識
（3）課題解決の方略についての知識

これら三つのメタ認知的知識については、例を見ていくとわかりやすいでしょう。

（1）人間の認知特性についての知識

人間の認知特性についての知識とは、私たちの一般的な認知の特性についての知識です。たとえば、「一度に多くのことを言われても覚えられない」「難しい文章でも、何度か読むと理解しやすくなる」などがこれに該当します。驚くべき記憶力の持ち主など、例外的な人もいますが、多くの人に当てはまるのが、この人間の認知特性についての知識です。他には、「思考は感情に左右されやすい」といった知識もその例と言えます。

また、人間の認知特性についての知識の中には、自分自身の認知特性についての知識が含まれます。人によって、認知の仕方や得意不得意などが若干異なりますから、この自分自身の認知特性についての知識は、他の人にも当てはまるとは限りません。

たとえば私の場合、小学生の頃に、自分がよくうっかりミスをするという傾向に気づきました。この「私はうっかりミスが多い」という知識は、自分の認知特性についての知識です。これは自分で気づくこともありますが、人から指摘されて気づく場合もあります。自分の認知特性についての知識は、もちろん弱点だけに限らず、得意な点も含みます。自分の認知特性の長所・短所を把握しておくことはとても大切です。短所に十分な注意を払ったり、長所で短所を補ったりすることが可能になるからです。

さらに、人間の認知特性についての知識の中には、他者の認知特性についての知識も含まれます。たとえば、「Aさんは受け手が理解しやすいように配慮した説明をする」「Bさんは独創的なものの見方をする」「Cさんは早とちりをする癖がある」などです。他者の認知特性についての知識は、他者とコミュニケーションをとる時、とりわけ協力し合って一緒に課題を遂行する協働場面で役立ちます。互いに相手の認知特性を把握できていれば、相手の強みを活かし、弱い部分を補うといったことが可能になるからです。

さらに、他者の認知特性についての知識が不可欠であるのは、教師が学習者を指導する時です。教師が「Cさんは何だかよくまちがえるな」と漠然と感じているだけでは対策を講じにくいでしょう。しかし、「Cさんは早とちりをする癖がある（本当はまだわかっていないのに、早合点をしてわかったつもりになり、結果的にまちがえてしまう）」ということがわかれば、そのことをCさんに気づかせるような指導を行うこともできるでしょう。

⑵ 課題についての知識

課題についての知識は、「複雑な計算は、単純な計算よりもまちがえやすい」「討論では、雑談の時よりもわかりやすく丁寧に発言する必要がある」といった、課題の性質に関する知識を指します。レポートや論文を執筆する際にも、字数制限に応じてまとめ方を変える必要があるという知識が、これに当たります。

その課題が何を要求しているのか、その課題の本質は何なのかを知っていれば、課題に対して適切な対応をとることが容易になります。

(3) 課題解決の方略についての知識

課題解決の方略についての知識は、「うっかりミスを防ぐには、何度も見直しをすることが役立つ」「ある事柄についての思考を深めるには、文章や図で表してみるとよい」といった方略、つまり課題をよりよく遂行するための工夫に関する知識を指します。課題解決の方略についての知識を豊富に持ち、これを実際に活用することによって、課題遂行のレベルを上げることができます。

ここで強調しておきたいのは、人間の認知特性についての知識および課題についての知識を持っていてこそ、課題解決の方略についての知識が活かされるという点です。と言うのも、人間、とりわけ自分の認知特性や課題の本質を理解していなければ、方略だけを手っ取り早く覚えたとしても、それは「小手先の知識」でしかなく、実際にはそれほど役に立たないからです。つまり、「なぜその方略が有効なのか」を十分に理解してこそ、必要な場面で役立

表1　メタ認知的知識の分類と具体例

メタ認知的知識の分類	具体例
①人間の認知特性についての知識	「一度に多くのことを言われても覚えられない」 「難しい文章でも、何度か読むと理解しやすくなる」 「Ａさんは受け手が理解しやすいように配慮した説明をする」
②課題についての知識	「複雑な計算は、単純な計算よりもまちがえやすい」 「討論では、雑談の時よりもわかりやすく丁寧に発言する必要がある」
③課題解決の方略についての知識	「うっかりミスを防ぐには、何度も見直しをすることが役立つ」 「ある事柄についての思考を深めるには、文章や図で表してみるとよい」

つ方略を自ら選び出し、有効活用することが可能になるのです。

メタ認知的知識の分類と具体例を表1にまとめておきます。

課題解決の方略についての知識はさらに、宣言的知識（どのような方略か）、手続き的知識（その方略はどう使うのか）、条件的知識（その方略はいつ使うのか、なぜ使うのか）に分けてとらえることができます。たとえば、「ノートをとる」ということについて、具体例を考えてみましょう（表2）。「授業で学ぶ内容を理解・記憶するためには、ノートをとるとよい」というノートテイキング方略を知っていたとしても、ノートをどのように、いつとればよいのかがわからなければ、この方略をうまく使いこなすことができません。さらに言

表2　方略についての知識の分類と具体例（ノートテイキング方略の場合）（三宮、2018[4]より）

方略についての知識の分類	具体例
①宣言的知識	「授業で学ぶ内容を理解・記憶するためには、ノートをとるとよい」
②手続き的知識	「ノートをとる際には、先生の話をそのまま書かず、要点を自分の言葉でまとめ直して書く」
③条件的知識	「自分の知らなかった内容が話された時に、ノートをとる」 「自分の言葉でまとめ直すことにより、理解が深まる」

うならば、ノートテイキング方略はどのように効果があるのか、なぜ効果があるのかを理解できていなければ、その方略を使う意欲も湧いては来ないでしょう。

学習においては、方略についての知識をいかに豊富に持っているかが学習効果の決め手となります。それは、いくつかの方略の中から適切な方略を選んで用いることにより、短い時間で理解を深めたり、記憶を確かなものにしたりすることができるからです。そのため、学校や塾で、方略についての指導が熱心に行われている場合があります。

だからと言って、「このような便利な方略がありますから、これを使いなさい」と教えられただけでは、私たちはその方略を、うまく使いこなせないことが多いのです。人から教えられただけではなく、自分でいろいろと試してみて、その使い方に習熟し、「この方略は自分に合っている」「この方略は、本当に効果的だ」と実感できるところまで到達しなければ、なかなか上手に活用できません。やはり学習方略についてのメタ認知的知識も、お仕着せの知識ではなく、自分のものになってこそ、効力を発揮するものです。その意味では、自ら工夫して編み出した学習方略は、後々まで役に立ってくれるでしょう。

青年期前期以降は、目覚ましい勢いでメタ認知が発達するため、仲間同士で学習方略についての情報交換がしやすくなります。そこで、教師が指導するだけではなく、クラスメイトや友人と学習方略について話し合う機会があるとよいでしょう。これはもちろん、大人の学びについても言えることです。

メタ認知的活動

「あっ、わかった！」と閃《ひらめ》いたり、「なんか、ピンと来ないな」ともやもやしたり、行き詰まっている問題に対して「見方を変えてみよう」と仕切り直したりすることがあります。こうした活動や経験をメタ認知的活動、あるいはメタ認知的経験と呼びます。ここでは、メタ認知的活動という言葉で呼ぶことにしましょう。メタ認知的活動は、メタ認知の知識成分であるメタ認知的知識とは異なり、頭の中で起こる活動です。

私たちの頭の中では、メタレベルでさまざまな活動が起こっています。先ほどの「あっ、わかった！」や「なんか、ピンと来ないな」というのは、自分で自分の認知状態を観察しているようなものであり、メタ認知的モニタリングと呼ばれます。一方、「見方を変えてみよう」と仕切り直すのは、認知を制御するわけですから、メタ認知的コントロールと呼ばれます。この制御の中には、微調整などの調整も含まれます。

こうしたメタ認知的活動も、実は私たちが日頃から、ある程度自然に行っていることです。メタ認知的活動を活発に行うことによって、認知活動の質は高まっていきます。自分がよくわかっていないということがわからなければ、調べたり誰かに尋ねたりする行動も起こりません。ちょうど、カードゲームの実験において、あの一年生の子どもたちがそうであったように、質問する機会が与えられても、それを逃してしまうのです。また、幼児の記憶実験で見たように、自分の記憶を過信してしまい、再度学び直す必要があるにもかかわらず、それをせずに忘れてしまうのです。

メタ認知的活動は、自分ひとりで考えたり覚えたりする個人内での認知活動においても役立つものですが、とりわけ人に何かを伝えたり教えたりする場合には、さらに重要な役割を果たします。

表3　メタ認知的活動の分類と具体例

メタ認知的活動の分類	具体例
①メタ認知的モニタリング 認知についての気づき・予想・点検・評価など	「ここがよくわからない」 「この問題にはすぐ答えられそうだ」 「この考え方でよいのか」 「十分に理解できた」
②メタ認知的コントロール 認知についての目標・計画を立てたり、それらを修正したりすること	「説得力のある意見文を組み立てよう」 「結論から考え始めよう」 「この例ではわかりにくいから、他の例を考えてみよう」

たとえば、教師という職業につく場合、メタ認知的活動は欠かせません。生徒の記憶を過信して、「前に一度説明したから覚えているだろう」などと片づけてしまうのは、まちがいの元です。「生徒たちは覚えているかな？　忘れてしまったかもしれないな。簡単におさらいをしておこう」といった具合にメタ認知を働かせて、先週教えた内容をもう一度手際よく説明するといった認知活動を起こす必要があります。

すでに述べたように、メタ認知的活動は、メタ認知的モニタリング、メタ認知的コントロールの二つの要素に分けて考えることができます[5]。

メタ認知的モニタリングとは、認知状態をモニターすることです。たとえば、「ここがよくわからない」「なんとなくわかっている」といった認知についての気づきや感覚、「この問題にはすぐ答えられそうだ」といった認知についての予想、「この考え方でよいのか」といった認知の点検、「十分に理解できた」といった評価などが、これに当たります。

メタ認知的コントロールとは、認知状態をコントロールすることです。たとえば、「説得力のある意見文を組み立てよう」といった認知の目標設定、「結論から考え始めよう」といった認知の計画、「この例ではわかりにくいから、他の例を考えてみよう」といった認知の修正などが、これに当たります。これらをまとめたものが、表3です。

メタ認知的活動を時系列でとらえる

メタ認知的活動を時系列的に見るならば、次の三つの段階に分けることができます。

①事前段階のメタ認知的活動
②遂行段階のメタ認知的活動
③事後段階のメタ認知的活動

図2　課題遂行の各段階におけるメタ認知的活動（三宮、2008[6]より）

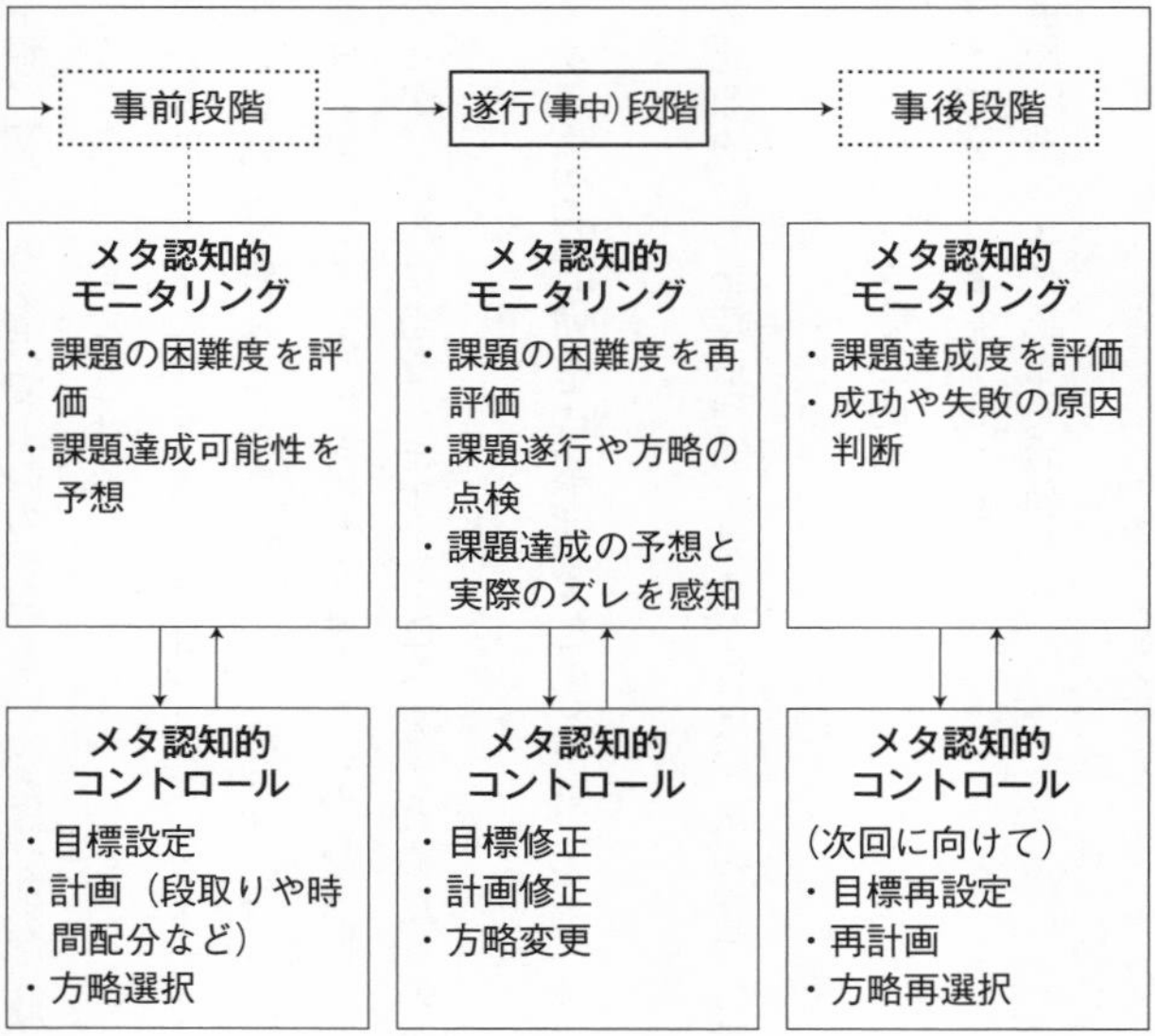

学習活動の事前段階、遂行段階、事後段階のそれぞれにおけるメタ認知的活動をまとめたものが図2です。たとえば、会議室や教室で、自分の調べたことを発表する（プレゼンテーションを行う）という活動を考えてみましょう。

まず、事前段階では、「この課題は、私にとってどれくらい難しいものか」「うまくできそうか」を考えるのではないでしょうか。そうした事前の評価や予想に基づいて、目標を設定し、計画を立て、方略を選択することになるでしょう。この時、自分や聞き手の認知特性、課題の特性、方略についてのメタ認知的知識が活用されます。たとえば、「私は、肝心な説明を抜かしてしまうことが多い」「説明が冗長だと、聞き手はたぶん飽きてしまう」「ビジュアル素材を活用すれば聞き手の関心を引く」といったものです。

遂行段階では、遂行そのもの、つまりプレゼンテーションに認知資源の多くが用いられるため、メタ認知的活動を十分に行うことは困難です。しかしながら、そうした中でも、私たちはモニタリングを働かせて、「思ったよりも難しい」と課題の困難度を再評価したり、「うまくできているか」「聞き手の理解や関心を得ているか」と課題遂行を点検したり、「計画通りに進んでいない」とズレを感知したりというメタ認知的モニタリングを、ある程度は行っています。このモニタリングを受けて、目標・計画の微調整や、ちょっとした方略の変更といったコントロールを行っているわけです。

課題遂行つまりプレゼンがすっかり終わった事後段階では、メタ認知的活動に多くの認知資源を投入することができます。「ある程度までは目標を達成できた」「最後が急ぎ足になったのは、時間配分に失敗したためだ」といった評価や原因判断を行い（メタ認知的モニタリング）、次回に向けて、目標や計画を立て直したり、異なる方略を選択したりすること（メタ認知的コントロール）ができます。

プレゼンスキルを向上させたいと真剣に願う人は、自分のプレゼンをビデオに撮っておき、後で視聴しながら問題点、改善すべき点を洗い出す作業をすることも珍しくありません。教員養成系大学に勤務していた頃、私は実際に、教育実習事前指導の一環として希望者を募り、小学生に対する自らのプレゼンをビデオでふり返りながら改善していくという演習を行っていました。

メタ認知的活動はメタ認知的知識に基づく

メタ認知的活動の多くは、メタ認知的知識に基づいて行われます。そのため、メタ認知的知識が不適切であれば、メタ認知的活動も不適切なものになってしまいがちです。

たとえば、「生徒たちが質問をしないのは、習ったことをすべて理解しているからだ」という不適切な知識を教師が持っていたならば、わかっていない生徒たちを取り残して、どんどん新しい内容へと進む授業計画を立てるでしょう。

また、メタ認知的活動を構成する二つの要素、メタ認知的モニタリングとメタ認知的コン

図3　メタ認知についてのやや詳細な分類（三宮、2018[4]より）

- メタ認知
  - メタ認知的知識
    - 人間の認知特性についての知識
    - 課題についての知識
    - 方略についての知識
      - 宣言的知識
      - 手続き的知識
      - 条件的知識
  - メタ認知的活動
    - メタ認知的モニタリング（事前／事中／事後）
    - メタ認知的コントロール（事前／事中／事後）

トロールは、循環的に働くと考えられます。つまり、モニターした結果に基づいてコントロールを行い、コントロールの結果を再度モニターし、必要なコントロールがあれば行う……という具合です。

メタ認知的モニタリングが不正確である場合には、メタ認知的コントロールは不適切なものとなりがちであるため、メタ認知的モニタリングが適切かどうかという点には、注意が必要です。

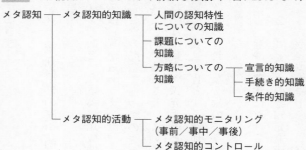

さらに、メタ認知的活動にはレベルがあります。たとえば、「なんとなくわかったような気がする」という気づきは、どちらかと言えば低いレベルのメタ認知的モニタリングです。これに対して、なんらかの根拠に基づいた「理解できている」という評価は、高いレベルのメタ認知的モニタリングであると言えるでしょう。

メタ認知についての、やや詳細な分類を、図3にまとめておきます。

メタ認知研究の歴史的背景

メタ認知という言葉は比較的新しいものですが、こうした「認知についての認知」という考えは、昔からありました。認知について問い直すということは、心理学が誕生する以前には、哲学の問題であったのです。「無知の知」という言葉で知られるソクラテスも、認知についての問い直しを行っていたと言えるでしょう。

哲学は、真理の探究手段としてもっぱら思弁に頼る学問でしたが、やがて哲学から独立する形で、実証を旨とする心理学が一九世紀の終わりに誕生しました。そしてその時から、メタ認知の背景となる次のような研究が、心理学の中で進められるようになったのです。

（1）意識心理学における言語報告の研究
（2）ピアジェの認知発達研究
（3）ヴィゴツキーの認知発達研究

これらについて、簡単に触れておきましょう。

（1） 意識心理学における言語報告の研究

一九世紀の終わりから二〇世紀の初めにかけて、ドイツのヴィルヘルム・ヴントを中心とする意識心理学が盛んになりました。意識心理学というのは、意識を研究対象とする心理学です。研究手法としては、実験参加者に、自分の意識にのぼったことを詳細に内観して報告してもらい、その報告内容を分析するのです。

内観というのは、自分の心の状態を観察することであるため、これはまさに、メタ認知的モニタリングであると言えます。その後、一九五〇年代に台頭してきた認知心理学においては、意識にのぼったことを話しながら考える「発話思考」が、プロトコル分析という形で用いられるようになります。現在でも、与えられた課題を実験参加者が遂行する中で発話思考を行ってもらい、その言語報告を手掛かりにメタ認知を調べるといった手法が用いられることがあります。[7]

(2) ピアジェの認知発達研究

著名な発達心理学者である、スイスのジャン・ピアジェは、もともと生物学の研究を行っていました。そうした背景もあり、発生的認識論の立場に立つピアジェは、子どもは認知発達に伴い、認知の自己調整が次第に可能になると考えたのです。彼は、自己調整機能は学習に不可欠であり、成長と変化の中心的なメカニズムであると主張しました。

ただし、幼児は自己調整がうまくできないため、自分に見えているものは、その通りに他の人にも見えているはずだと考えますし、自分の知っていることは、他の人も知っていると考えてしまいます。これが、幼児の認知における「自己中心性」です。

しかしながら、認知発達が進むと、やがてこの自己中心性から脱却することができます。そうすると、子どもは自分のものの見方・考え方を対象化することができ、他者の視点をとることができるようになります。ピアジェたちは、「三つ山問題」(図4)を用いて、幼児の自己中心性から抜け出すことができているかを調べました。[8] これは、自分とは異なる場所に座っているお人形の目には、三つの山の景色が自分とは異なって見えるということが理解できているかを問うものです。

たとえば、自分がAの場所にいて、お人形がCの場所にいる場合、お人形に見える景色が自分から見えている景色とは異なるということを理解できるかを調べます。

一つの方法としては、何枚かの絵を見せて、お人形から見える風景の絵を子どもに選んでもらうのですが、四歳未満では、課題の意味を理解できません。四歳くらいから意味はわかるものの、自分と他者（ここでは、お人形）の視点を区別することができず、自分に見える風景を選んでしまいます。七歳頃からようやく、自分の視点とお人形の視点が異なることに気づき始めます。さらに、「お人形からは、このように見えているはずだ」とわかるためには、一般には九歳以降まで待たなければなりません。

他者の視点をとることを視点取得と呼びますが、視点取得は次の三つに分けることができます。[9]

①知覚的視点取得：他者が何を見ているかを理解する
②感情的視点取得：他者が何を感じているかを理解する
③認知的視点取得：他者が何を考えているかを理解する

図４　三つ山問題（Piaget & Inhelder, 1948[8] より作成）

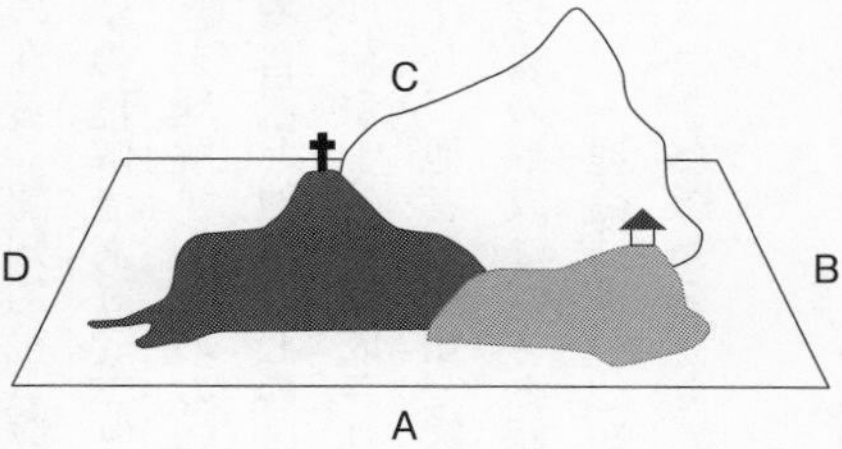

このうち、認知的視点取得は、他者がどのように考え、判断し、意図し、動機づけられているかの理解であり、「心の理論」研究につながっていきます。心の理論とは、心のしくみや働きを理解するための知識の枠組みです。幼児の持つ心の理論を調べることにより、他者理解や自己と他者の心の区別といった認知発達を知ることができます。三〜四歳児ではまだ心の理論が十分に形成されていないことが、実験から明らかにされています。[10] 自分の認知を対象化し、他者の認知と区別できるようになることが、メタ認知の芽生えであると言えます。

心の理論の形成は、メタ認知の発達における重要な初期ステージと考えられるでしょう。

ピアジェ理論はメタ認知の発達に関する研究の基礎となり、後のフレイヴェルのメタ認知研究に大きな影響を与えています。

(3) ヴィゴツキーの認知発達研究

旧ソビエト連邦の心理学者レフ・ヴィゴツキーは、人は他者との相互作用を通して学んでいくものだという社会的構成主義の立場をとっていました。社会・文化の影響を重視するヴィゴツキーの認知発達理論は、言葉を思考の道具と見なします。他者との言葉のやりとり、すなわち外言《がいげん》が、やがて内面化されて、子ども自身が頭の中で音声を伴わない言葉すなわち内言《ないげん》によって、自分の考えを調整できるようになるという考え方です。

たとえば、「それ、変だよ」「まちがっているんじゃない？」といった他者からの言葉によって考え直していた段階から、もう一歩進んで、「あれ？　おかしいな……」といった心のつぶやき、つまり自分とのやりとりによって考えを調整することができるようになるわけです。これが、メタ認知の芽生える段階です。ヴィゴツキーは、認知の調整が、外言による認知の他者調整から、内言による自己調整へと移行すると考えたのです[11]。内言を自由に用いることができるようになることで、自分の思考をメタ認知的にコントロールすることが少しずつ可能になっていきます。

初めのうちは、問題解決のために子どもは親や教師から、主に対話を通して、思考を助けてもらいます。この援助は足場作りと呼ばれます。これが次第に内面化されて、自己内対話による問題解決が行われるようになっていきます。認知発達とともに足場は少しずつはずされ、最後には不要となります。

たとえば、子どもが少し難しいパズルでつまずいている時、母親が「あ、そうじゃないでしょ。それだとうまくいかないでしょ」といった具合にヒントを与えているうちに、母親の言語的な援助が次第に子どもの側に内面化されていくことが見出されています[12]。

このように、ヴィゴツキーの理論は教育に対する示唆を多く含んでいるため、現在の教育心理学研究にも大きな影響を与え続けています。それは、認知の他者調整から自己調整への移行を促すことが教育の重要な役割であるからです。先述のブラウンが行っていた教育介入研究は、実はヴィゴツキーの考えに強く影響を受けて行われたものです。

なお、ヴィゴツキーはピアジェと同じ一八九六年生まれですが、ピアジェが八四歳まで生きたこととは対照的に、三七歳の若さで亡くなってしまいました。短い生涯の間に多くの研究成果を残したヴィゴツキーですが、彼がもっと長生きしていたなら、さらに自説を発展させていったのではないかと、早世が惜しまれます。

メタ認知と関連する他の概念

(1)「客我」に対する「主我」

ヴントが世界で初めてドイツのライプツィヒに心理学実験室を開設したのは一八七九年ですが、これに先立つこと四年、一八七五年に米国のハーバード大学で小規模な心理学の研究室を開いた人がいました。それが、心理学の父と呼ばれるウィリアム・ジェームズです。彼はプラグマティズムの立場をとる哲学者でもありました。プラグマティズムとは、ある知識が真理かどうかは理論や信念からではなく、行動の結果によって判断されるべきであるとする、実用主義的、実際主義的な考え方です。経験や実践を重視するというところが、心理学寄りと言えるでしょう。

ジェームズは、「意識の流れ」という言葉を好んで用いましたが、この言葉を用いることで、「意識の流れを意識する自己」が浮かび上がることになります。彼は、私たちが何かを考える時には、二つの側面があるととらえました。それは、何かを考えている自分と、その自分を考えている自分です。

ここで、思考の主体としての自分を主我（I）ととらえ、思考の対象となっている自分を客我（ｍｅ）ととらえました。自分の思考について思考している自分がいるということです。自らの思考に対して意識的に注意を向けることは、言い換えればメタ認知を行っていることになります。[13]

(2) 省察

哲学者で心理学者でもあるジョン・デューイは、認知活動をふり返ることを意味する、省察（せいさつ、しょうさつ）という言葉を用いています。この言葉は、特に教育実践の場ではリフレクションというカタカナ表記で用いられることも多く、子どもたちに対しては、「ふり返り」という柔らかい言葉で表されます。

デューイは、著書『How we think（私たちはいかに考えるか）』の中で、省察的思考がいかに重要か、そして省察的思考力を高める思考訓練を学校教育の中で行うことがいかに必要かを論じています。[14]

省察あるいはふり返りという言葉は、どちらかと言えば事後的にメタ認知的活動を行うことを意味するものです。これについては、後に、哲学者のドナルド・ショーンが、優れた教師はリフレクティヴ・プラクティショナー（省察的実践家）であるべきとの考えに立ち、教育実践の活動中に行うリフレクションが必要であると主張しています。つまり、デューイの言うリフレクションは、将来に向けての事後的なふり返りであるけれども、現在進行中の活動の中でのリフレクションが行われるべきだと、ショーンは考えたのです。[15]

リフレクションは、これまで学校教育に関わる実践家や教育学者が用いることの多かった概念ですが、メタ認知はむしろ心理学で用いられることが多く、リフレクションよりも広い概念ととらえることができるでしょう。

図5　情報処理のボックスモデル（Atkinson & Shiffrin, 1968[16]より作成）

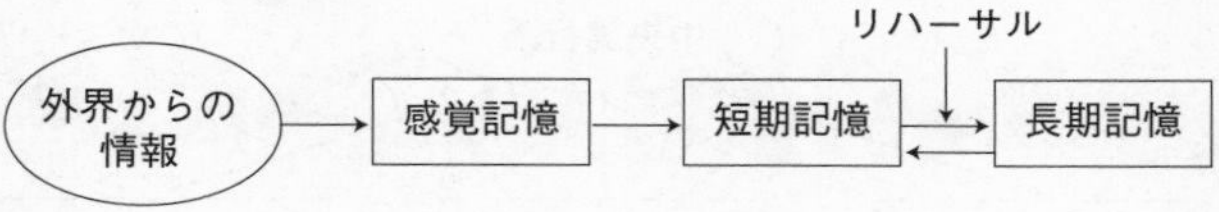

（3）ワーキングメモリの実行機能

認知心理学の中でメタ認知と関連する概念として、ワーキングメモリ（作動記憶）があります。認知心理学では、人間の認知を情報処理としてとらえますが、初期の情報処理モデルとしては、感覚記憶（視覚情報なら見たまま、聴覚情報なら聞いたままの状態で、ごく短い間蓄えられる記憶）、短期記憶、長期記憶からなるシンプルなボックスモデル（図5）が主流でした。ここでは、短期記憶とは、見たり聞いたりした情報を一時的に蓄えておき、何度も復唱したり意味を理解したりして（これらをまとめてリハーサルと呼びます）、より長く覚えておける長期記憶へと移行させる、容量の限られた貯蔵庫とされています。

しかしながら、一九七〇年代から、短期記憶に代わる、より広い概念としてワーキングメモリという言葉が用いられ始めました。短期記憶が情報を一時的に保存する場所という位置づけであったのに対し、ワーキングメモリは情報の一時保存に限らず、暗算を行ったり、人が話した内容や書か

図6　ワーキングメモリのモデル（Baddeley, 2000[17]より作成）

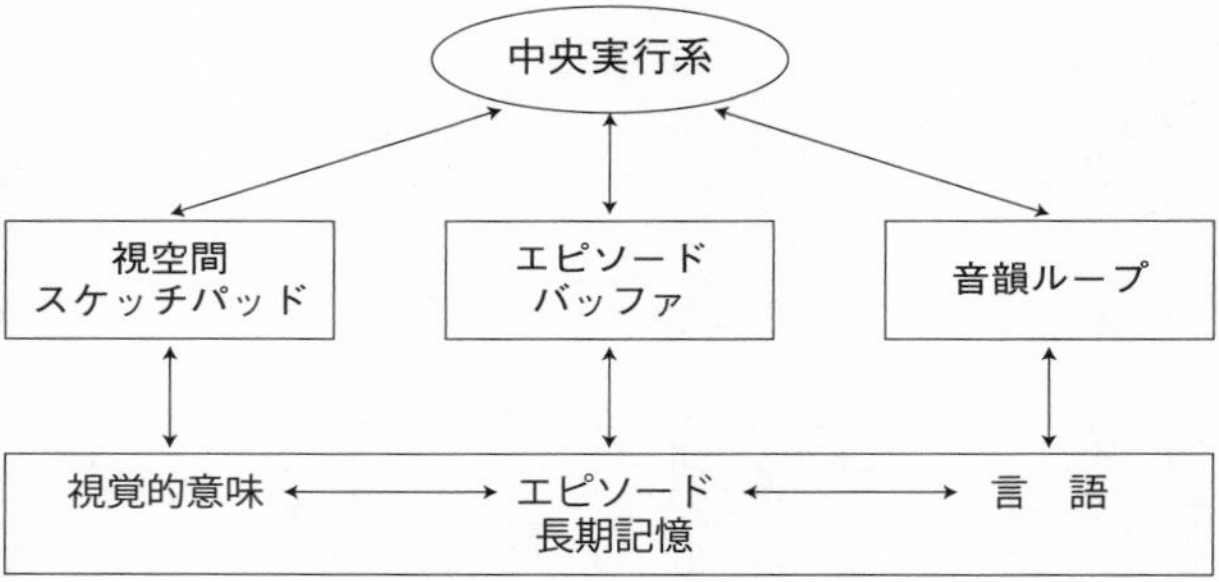

れた文章を理解したり、あるいは推論などの複雑な認知活動を行ったりする場所として位置づけられたのです。ワーキングメモリは、初めは音韻ループ、視空間スケッチパッド、中央実行系の三つの要素からなるとされましたが、後にエピソードバッファという四つ目の要素が追加されました[17]（図6）。

この中で最も重要な役割を果たすのは、中央実行系と呼ばれる部分です。ここでは、ワーキングメモリ内の情報の流れをコントロールし、長期記憶からの情報検索や、音韻ループ・視空間スケッチパッドへの情報の割りつけを行います。また、注意容量の限界の範囲で作業を行えるように、重要度の高い順に注意資源を配分していきます[18]。こうした機能を実行機能と呼びます。認知心理学の情報処理モデルにおいては、現在、メタ認知の働きは中央実行系の機能である実行機能としてとらえられることが多くなりました。

さらにまた、実行機能は、私たちが目標に向かって自分の認知や感情、行動をもコントロールする機能と見なされるようになりました。ストループテストという「色名呼称」のテストでは、色を表す文字が呈示されるのですが、その文字を読むのではなく文字の「色」を素早く言うことが求められます。たとえば「あか」という文字が緑色で書かれている場合には、「みどり」と言わなければなりません。つい「あか」と言いそうになるのを抑えて「みどり」と言うためには、自分の自然な反応を抑制しつつ不自然な反応を迅速に起こす必要があり、これは私たちにとってかなり困難なことです。この困難さを克服するために、実行機能を働かせるのです。

実行機能という言葉はまた、コントロールするという意味において、より広く用いられることもあります。たとえば、子どもの場合だと、早くおやつを食べたいのに、宿題を済ませるまではお預けと自分に言い聞かせるなど、ある目標のために我慢するという場合にも、実行機能が働くと見なすわけです。自らの認知や感情をコントロールするという部分は、メタ認知的コントロールに通じるものがあります。

メタ認知を司る脳領域

図7　大脳皮質の4領域と前頭前野

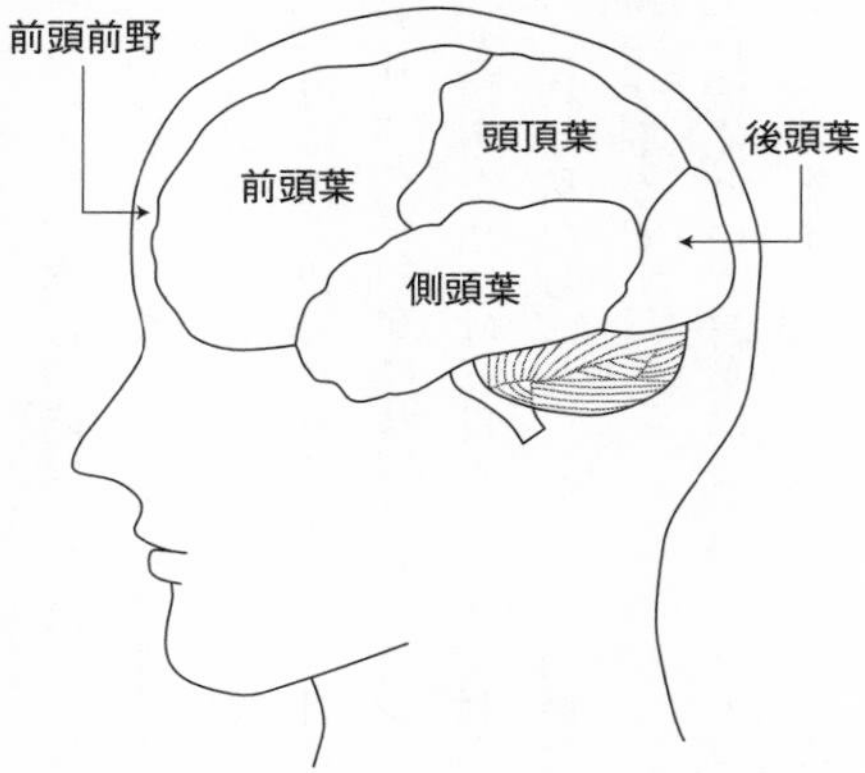

さて、メタ認知には、脳のどの部分が関与しているのでしょうか。脳科学においては、メタ認知を司る脳領域は、大脳皮質の四つの領域のうち、主に前頭葉にあると考えられています。そもそも前頭葉は、目標を持った行為や運動のプランを立てる場所として知られてきました。しかし一方では、情動を司る辺縁系《へんえんけい》などと密に相互作用し、感情や動機づけとも関わっていることから、前頭葉は脳全体に分散した「知情意《ちじょうい》」の情報を統合したり、あるいは抑制したりする機能を持つとされています。[19]

前頭葉の中に、前頭前野と呼ばれる場所があり

図8　脳の外側面

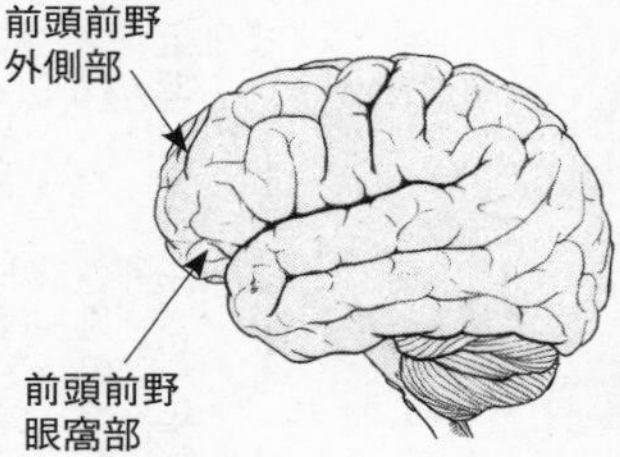

図9　脳の内側面

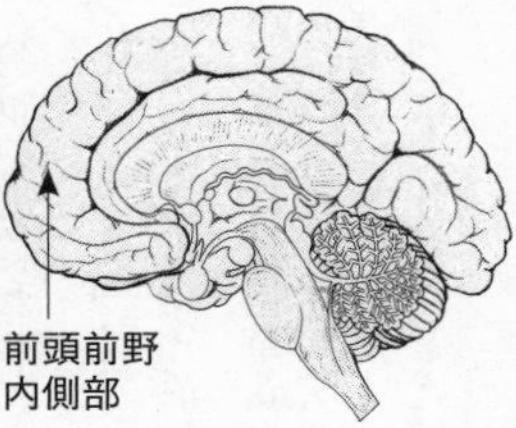

ます。（図7）これは、ちょうど額《ひたい》の内側に当たる部分です。まさにこの部分が、メタ認知の働きの中心です。

　大脳皮質に占める前頭前野の割合は、系統発生的に進化したほ乳類ほど大きくなっており、ネコで三・五パーセント、イヌで七パーセント、サルで一一・五パーセント、非常に賢いとされるチンパンジーでさえも一七パーセントしかないのに対し、ヒトでは二九パーセントという、ほぼ三割にも達する大きな割合を占めています。また、個体発生的にも、前頭前野は成熟が最も遅い脳部位の一つであり、私たちの生涯において、二〇年以上の年月をかけてゆっくり成熟するとされています。前頭前野は認知の制御と感情・動機づけの制御の両方に関わっており、前者には前頭前野外側部が、後者には前頭前野内側部、前頭前野眼窩《がんか》部が、より大きく関わっています[20]（図8・図9）。

　メタ認知の働きと脳領域との、こうした細部にわたる関連が明らかになったのは、まさに脳研究法の技術的な革新のお陰です。二〇世紀の終わりになって、機能的磁気共鳴画像法（ｆＭＲＩ）などのニューロイメージングが導入されました。これは、脳を傷つける必要のない、画期的な方法です。この方法により、人がある認知活動を行っている時に脳のどの部位が働いているかを調べやすくなりました。まさに技術革新が、脳科学の飛躍的な発展を可能にしたのです。

前頭前野に損傷を受けると、メタ認知が十分に働かなくなります。脳のこの部位の損傷や機能不全により、たとえば、次のような発言が失言か否かを判断することも困難になります。

ジャネットはアンの結婚祝いにクリスタルの食器をプレゼントしました。ところがアンは、たくさんのプレゼントをもらったため、どれを誰からもらったのかをきちんと覚えていません。一年後、アンの家でジャネットは自分が贈った食器をうっかり壊してしまい、謝りました。するとアンは、それがジャネットからのプレゼントであることに気づかず、

「たいして気に入っていないものだったから、いいのよ、気にしないで」

と慰めました。

　この、アンの発言のどこに問題があるのかを問う課題は、失言認識課題と呼ばれるものです。[21]ある発言が失言であることを判断できるのは、メタ認知の働き、つまり前頭前野の働きがあってこそです。

　また、つい本音を言いたくなっても、それが不適切な場合には、メタ認知を働かせて発言を抑える必要があり、前頭前野の機能がこれを支えています。幼い子どもは、前頭前野がまだ発達していないため、相手が気を悪くするような発言を平気でしてしまうわけです。大人であっても、事故や病気で前頭前野の機能に障害を起こすと、メタ認知が働かなくなります。

　歴史的に有名な話として、次のようなフィネアス・ゲージの症例があります。

　一八四八年にアメリカのバーモント州で起きた鉄道事故により、フィネアス・ゲージという青年の脳を長さ約一メートル、直径約三センチの鉄の棒が貫通しました（図10）。彼の脳は、前頭前野を中心に損傷を受けたのです。ゲージは当時二五歳で、工事現場の監督を任されるほどしっかりした責任感の強い青年でした。彼は事故によって意識を失うこともなく、医師の質問にもきちんと答えることができまし

図10　鉄の棒が貫いたゲージの頭部

た。強靭な体を持つゲージの回復力は目覚ましく、二ヶ月後には、すっかり元に戻ったかのように見えました。

ところが、間もなく、仕事仲間がゲージの異変に気づいたのです。見た目には変化がなく、元のゲージのままでしたし、知的作業も元通りこなせたのですが、人格が変わってしまっていたのです。以前とは違って、気まぐれで下品、頑固でありながら優柔不断といった人格になっていました。言ってはいけないことを言い、してはいけないことをするなど、すっかり抑制が効かなくなってしまっていました。つまり、メタ認知が機能しなくなっていたのです。かつては信頼され人望もあったゲージでしたが、職場の人間関係もすっかり壊れ、仕事を失い各地を転々としたあげく、三〇代の若さで生涯を閉じました。

なお、ゲージは実在した人物ですが、彼についてのエピソードには、当時のメディアによって多少、誇張や脚色が施されているようです。

本章のまとめ

- メタ認知は、認知すなわち頭の働きをもう一段高いメタレベルでとらえたものであり、メタ認知的知識とメタ認知的活動に大別される

- メタ認知研究には、意識心理学における言語報告の研究、ピアジェの認知発達研究、ヴィゴツキーの認知発達研究といった歴史的背景がある
- メタ認知と関連する概念として、「客我」に対する「主我」、省察、ワーキングメモリの実行機能などがある
- メタ認知を司る主な脳領域は前頭前野であり、この部位の損傷はメタ認知の機能不全をもたらす

次章では、頭のよさとメタ認知の関係について見ていくことにしましょう。

第2章　頭のよさとメタ認知

頭のよさの意味するもの

「この子は頭が悪いからねぇ」

　これは、幼稚園の担任の先生が隣のクラスの先生に言った言葉です。この子とは私のこと。私はこの時、黙々と工作の糊《のり》づけをしていました。今では、このような発言が、本人の前でなされることはないと思うのですが……。

　そもそも、頭のよさとは、いったい何でしょうか。幼稚園児の場合には、頭のよい子どもとは、打てば響くような子どもではないかと思います。大人の言葉を素早く理解して、期待された行動を迅速に起こせる子ども、といったところでしょうか。当時の私とは、まるで正反対です。

心理学では従来、頭のよさを「知能」という概念でとらえてきました。オックスフォード英語辞典によると、知能（intelligence）という語が現れたのは、一二世紀頃であるとされていますが、[1]心理学において知能の研究が始まるのは、これよりずっと後の一九世紀になってからです。ただし、この知能という概念は、なかなか一筋縄ではいかなかったのです。

実はこれまで、心理学者によって、さまざまな知能の定義が提出されてきました。伝統的な定義は、次の三種類に分けることができます。

①知能とは、学習する能力である
②知能とは、抽象的に考える能力である
③知能とは、環境に適応する能力である

これらは一見、別々のものに見えますが、実は互いに密接に関連しています。環境に適応するためには、環境からさまざまなことを学習しなければなりませんし、学んだことを新しい場面に活かす必要があります。そのためには、学んだ文脈にとらわれず、学んだことを抽象化・一般化して異なる文脈でも活用できる思考力が重要になります。この三種類の定義をよく見ると、知能とは「学ぶ力」、そして「適応的に生きていくために、学んだことを活かす力」という中核的な意味合いが浮かび上がってきます。もちろん、ここで言う「学ぶ力」とは、学校での学習に限りません。より幅広く、経験の中から学んでいく力であり、さらに言えば、この「経験」は自分の体験だけではなく、見聞きしたことを含みます。頭のよさにとって、広い意味での「学び」が、非常に重要な要素となっていることがわかります。

後に、デイヴィッド・ウェクスラーは、知能とは、合目的的に行動し、合理的に思考し、自分をとり巻く環境を効果的に処理する総合的な能力であるといったまとめ方をしています。

ただし、こうした幅広い能力をきちんと測るのは容易ではありませんし、厳密に言えば、ほぼ不可能だと思われます。そのため、「知能とは、知能検査で測られた能力である」といった操作的定義が出てきました。操作的定義とは、概念の意味を具体的な操作や手続きの言葉のみで定義したものであり、概念の内容には踏み込まないものです。操作的定義は、概念的に定義づけることを諦めたかのようにも見えますが、これは、知能を適切に定義づけることの困難さを表したものととらえることもできます。

定義づけや測定が困難であっても、ある程度の目安を得るための知能検査はやはり必要と考えられたため、検査に用いる多くのテストが開発されました。テストの開発も含め、実は、知能研究には少なからず紆余曲折《うよきょくせつ》があったのです。

心理学における知能研究の歴史

ここで少し、心理学における知能研究の歴史を見ていくことにしましょう。知能研究の歴史は、イギリスのフランシス・ゴルトンにまで遡ることができます。[1] ゴルトンは、進化論で知られるチャールズ・ダーウィンの従弟にあたります。ダーウィンと言えば、一八五九年に出版された『種の起源』で有名ですが、従弟のゴルトンはその影響を受けて遺伝に関心を持つようになり、遺伝学や統計学の研究者となりました。

ゴルトンは、一四五三年から一八五三年までの四〇〇年にわたるイギリスの著名人や能力の優れた六〇五人の人々について調べ、この中の一〇二人が血縁関係にあるということを見出しました。この多くの血縁関係を根拠としてゴルトンは、才能には遺伝の影響が大きいとの結論に至りました。[2] そして、さらに多くのデータに基づいて考察を深め、一八六九年の著書『遺伝的天才』において、人間の才能がほぼ遺伝によって受け継がれるものであると主張しました。しかしながら、優生学につながるこの考えは後に批判を浴びることになります。人間の個人差に関心を持っていたアメリカの心理学者ジェームズ・キャッテルは、ゴルトンの考えに大きな影響を受けました。キャッテルは、精神物理学の観点から精神機能を測定することを思い立ち、知能測定の道具としてメンタル・テストを開発しました。一八九〇年の論文に発表されたメンタル・テストには、握力をはじめ感覚能力、運動能力、記憶力などの単純で基礎的な項目の測定が含まれており、必ずしも知的能力に限定されたものではありませんでした。このメンタル・テストは、各項目間の相関が低いこともあり、あまり用いられなくなりました。

その後、一九〇五年にフランスで、アルフレッド・ビネーと弟子のテオドール・シモンが子どもたちを対象とした知能検査を開発しました。これは、小学校で通常の学校教育を受けることが難しい、知的発達の遅れた子どもを見つけることが目的でした。彼らのテストには、たとえば次のような項目が含まれていました。[3]

- 食べ物とそうでない物を見分けられるか（チョコレートと木製の立方体を見分けるなど）
- 簡単な指示を実行できるか（「座りなさい」など）

・三つの数字を反復できるか
・三つの単語を使って一つの文を作れるか（「パリ」「川」「財産」など）

この時点での知能検査には、子どもの年齢が十分に考慮されていませんでしたが、一九〇八年の改訂版では、年齢ごとの測定ができるように変更されています。その後さらに改訂が行われ、一九一一年版が作成されました。この一九一一年版には、たとえば、次のような問題が収録されています。

〈三歳児用〉
・自分の鼻、目、口を指し示す
・二個の数字を反復する
・自分の名字を言う

〈八歳児用〉
・「二〇」から「〇」までを逆唱する

- 現在の年月日を言う
- 五個の数字を反復する

〈成人用〉

- 王と大統領の主な違いを三つ指摘する
- 抽象語の差異を定義する（進化と革命など）
- ある思想が述べられている長い文章を読んで要約する

知能テストとIQ

ビネーたちの知能検査は、ある個人に、日常生活に欠かせない知的能力が備わっているかどうかを見る発達検査のようなものでした。ところが、このテストが諸外国に渡るうちに、個人の能力を測る選抜の道具として用いられるようになっていきます。ドイツの心理学者ウィリアム・シュテルンは、一九一二年に知能指数（intelligence quotient：IQ）という、次ページの上のような指標を考案しました。

$$IQ = \frac{精神年齢}{実年齢（生活年齢）} \times 100$$ （ただし年齢は月齢）

（精神年齢、実年齢は、それぞれ、MA、CAと表記されることもあります）

たとえば、ある人のＩＱが一〇〇であれば、その人は精神年齢と実年齢が一致した平均的な知能の持ち主ということになります。一方、ＩＱが一〇〇より大きいほど「進んでいる」ことになり、一〇〇より小さいほど「遅れている」ことになります。ただし、ここで測定される知能の発達は一五歳程度で限界に達すると考えられていたため、適用範囲は一五歳程度までとされています。こうして、ＩＱという指標が瞬く間に広がっていったのです。

アメリカのルイス・ターマンは、ＩＱは一生を通じてほぼ変化しないと考え、このＩＱを頭のよさの指標ととらえました。彼は優生学の立場をとり、頭のよさは遺伝によって決まると考えていました。ターマンは、シュテルンが考案したＩＱの計算方法を標準化された知能検査に初めて導入し、後に大きな影響力を持つスタンフォード・ビネー式知能検査を一九一六年に発表しました。こうして、発達概念というよりも能力概念として知能をとらえる方向に、知能研究が進んでいったのです。

知能研究には、もう一つの流れがあります。それは因子分析の手法を用いたものです。知能の因子分析とは、一言で言うと、知能の背後に潜む要因、つまり知能を成り立たせている要素を見つけ出すための統計的手法です。

一九〇四年にチャールズ・スピアマンが知能の因子分析を初めて行いました。彼は、さまざまなテストの結果を分析し、知能が一般因子と特殊因子からなると解釈しました。これが、知能の二因子説です。知能の一般因子とは、情報を素早く正確に処理する能力です。これは生得的で基本的な知能と見なされ、生まれてからどんな環境に身を置こうとも、あるいは教育を受けても受けなくても、そうした外的な要因の影響を受けることのないものと考えられています。一般因子は、多くのテスト結果を統計学的に処理して抽出したものであり、多様な知能の根底にある、共通成分とも言えるものです。一方、知能の特殊因子は、環境や教育の影響を受けるものです。そのため、どのような環境で育ったか、どんな教育を受けたかで変わってきます。

これに対して、ルイス・サーストンは、一般因子を仮定する必要はなく、知能は複数の因子から構成されると考えました。[4] サーストンは、①言語、②数、③空間、④語の流暢性、⑤記憶、⑥推理、⑦知覚の速さ、という七つの因子が知能を構成していると見なしたのです。こちらは知能の多因子説と呼ばれます。ただし、後にこれらの因子を再度因子分析したところ、二次因子が一つ得られたため、この二次因子は結局、スピアマンの言う一般因

$$知能偏差値 = \frac{ある個人の得点 - 同年齢集団の平均点}{同年齢集団の標準偏差} \times 10 + 50$$

子であるとも言われています。[5] 一般因子は、その後、ある個人の頭のよさと見なされ、さまざまな場面で選別の基準として用いられることもありました。

レイモンド・キャッテルは、一般因子を流動性知能と結晶性知能に分類しました。[6] 流動性知能とは素早く抽象的な思考を働かせる知能であり、新しい場面への適応に必要とされる能力です。たとえば、早く正確に計算ができるのはこの知能のお陰ですが、加齢とともに低下しやすいとされています。一方、結晶性知能は、過去の経験を上手に適用して得られた判断力や言語能力を指します。こちらは、言語の流暢性や経験によって得られた知識などを含み、加齢による低下が起こりにくいものです。個人差はあるものの、比較的高い年齢まで上昇し続けるとされています。

この他、先述のウェクスラーは、知能を言語性知能と動作性知能に分け、独自の知能検査を開発しました。彼はまた、ＩＱという指標は単純過ぎると考え、上のような知能偏差値という概念を打ち出しました。

たとえば、ある人の得点が集団の平均点と同じであれば、その人の知能偏差値は五〇になります。知能偏差値は、同じ年齢の人々の中で、ある個人の知能がどのあたりに位置するかということを表します。

ちなみに、現在わが国で知能検査が用いられる場合には、発達の遅れを見つけて支援することを主な目的としています。その際、用いられる検査は、田中ビネーやウェクスラーの知能検査が中心となっています。

ところで、知能検査の背景にある因子分析の問題点は、因子分析が自己完結的であることです。と言うのも、どんな因子が得られるかは、用いられる問題によって決まるからです。テスト問題の範囲が狭ければ、因子の範囲は狭い範囲に制約されてしまいます。テスト問題の種類を増やさなければ、知能の概念も決して広がらないのです[1]。たとえば、従来の一般的な知能検査には創造的思考を求める問題が含まれていなかったため、創造的思考力は、長い間、知能の構成要素とは見なされずにいました。

古い知能観から新しい知能観へ

知能研究の始まりは測定に重点を置いたものであり、どちらかと言えば、知能の定義は二の次でした。しかしながら、「まず測定ありき」では、心理学的に妥当とは言えません。知能とはいったい何なのか、これをどう定義するかによって、測定そのもののあり方も変わってくるからです。そこで、アメリカ心理学会では、知能研究に関わる専門家たちから、二回にわたって知能をどう定義するかについての意見を募りました。

一回目は、一九二一年のアメリカ心理学会主催のシンポジウムで、一七名の心理学者に「知能とは何か」という問いを投げかけました。すると、一七名のうち一四名が、自分の考える知能の定義を述べました。彼らの回答は多岐にわたるものでしたが、共通していたキーワードとして、学習能力、抽象的思考力、適応力などを挙げることができました。その中のひとり、ウォルター・ディアボーンは、「知能とは、経験から学習する能力である」と述べています。他には、「知能とは抽象的に思考する能力である」「知能とは、(新しい)環境に適応する能力である」などの定義が、現在も広く知られています。このあたりは、先に述べた通りです。

なお、つけ加えるならば、「知能とは、知能テストによって測定される能力である」といった操作的な定義も含まれていました。

二回目は、六五年後の一九八六年のものです。再びアメリカ心理学会主催のシンポジウムにおいて、二四名の心理学者に同じ問いを投げかけました。その回答を前回と比べると、主に次のような特徴が見受けられました。[7]

①環境への適応や基本的な認知プロセス、高次の思考といった要素に基づく定義づけは、両シンポジウムにおいて共通していた。

②顕著な違いは、メタ認知に関するものであった。一回目にはほとんど見られなかったが、一九八六年の回答では、認知についての知識や実行プロセスといったメタ認知に関連する内容への言及が目立っており、その他にも、知識の役割や知識と認知プロセスの相互作用を重視した意見が見られた。

一九八六年の心理学者たちによる知能の定義において、メタ認知が考慮され始めたのは、重要なポイントです。そして、当然とも言えるでしょう。知能の中心的な要素が認知能力であるのならば、認知能力の活用に関わるメタ認知能力を度外視して知能を語ることは、もはや不十分です。自分に備わった知的能力をどこまで活用できるかを左右するものは、メタ認知能力です。そうであるならば、メタ認知能力を伸ばすことにより、表面に現れる知的能力は向上するはずです。認知能力を十分に発揮させる力、増幅させる力としてのメタ認知能力こそが、まさに知能の中枢の座を占めるのにふさわしいものと言えるのではないでしょうか。

新しい知能研究の展開

メタ認知という言葉を用いているか否かにかかわらず、新しい知能のとらえ方には、実質的にメタ認知を含むと考えられる要素が組み込まれています。知能研究の新たな展開として、ロバート・スタンバーグの知能理論、ハワード・ガードナーの多重知能理論、そしてジョン・メイヤーやピーター・サロヴェイの感情の知能という概念を挙げることができます。これらを、次に紹介しておきましょう。

(1) スタンバーグによるコンポーネント理論とサクセスフル知能理論

知能研究の第一人者であるスタンバーグは、知能の三部理論（triarchic theory of intelligence）という壮大な知能理論を展開しています。ここでは、その中の重要な点に焦点を当てて紹介することにします。彼は、知能の三部理論の下位理論として知能のコンポーネント理論を提唱しています。知能のコンポーネント理論とは、次の三つのコンポーネントから知能が構成されていると考えるものです。[8]

①メタ・コンポーネント
高次の制御を担い、課題遂行の計画、モニタリング、評価を行うプロセス
②パフォーマンス・コンポーネント
課題を遂行するプロセス
③知識獲得コンポーネント
知識を習得し、貯蔵するプロセス

スタンバーグによれば、これまでの知能テストでは、比較的単純な課題をいかに速く解決できるかを問題にしており、そこには、「頭がよいとは、認知作業が速いということだ」との前提がありました。しかし、課題の処理速度のみに着目すると、課題遂行そのもの（パフォーマンス・コンポーネント）と関連知識の習得（知識獲得コンポーネント）、そして最も重要な認知的制御（メタ・コンポーネント）のいずれのコンポーネントが、どのように働いているのかを診断することができません。その点が、従来の知能テストの大きな弱点であると、

スタンバーグは考えたのです。

コンポーネント理論の中で、メタ・コンポーネントは、課題遂行の計画、モニタリング、評価を行う高次の制御機能を果たし、知能の中で最も重要なものであり、メタ認知に相当するものと考えられます。[9]

スタンバーグはまた、知能の三部理論をさらに発展させて、サクセスフル知能理論を展開しています。[10] 彼は、伝統的な知能研究が扱ってきたものは、いわゆる学校秀才的な知能であったため、実生活における頭のよさとは言えないものであり、きわめて不十分であると批判しています。私たち一人ひとりが人生の重要な目標を達成するための知能を、彼はサクセスフル知能と呼び、サクセスフル知能の三本柱として次の三種類の知能を挙げています。そして、この三種類の知能がバランスよく働くことが重要だとしています。

①分析的知能

ものごとの本質や状況を的確に分析し判断する能力。これは、問題をきちんと把握する能力であり、問題解決や意思決定に役立つ。解決法を発見したり、アイデアの質を判断したりするのに必要である。

②創造的知能
ある課題や状況に直面した時に、独創的な着想で行動の指針を見出す能力。これは、問題を新たにとらえ直す能力である。創造的知能は、いわゆる創造性よりも明確で限定的な概念である。

③実践的知能
分析的知能や創造的知能を日常生活において具体的にどう活用していくかを判断し、その方法を見出す能力。これは、日常的な賢さと言い換えることもできる。社会的知能もこの中に含まれる。

三つの知能の中では、特に実践的知能に、メタ認知が大きく関与すると考えられます。それは、自分の分析的知能や創造的知能を十分に把握し、どのような状況でどの知能を活用すべきかがわかること、また、知能における自分の強みを活かし弱みを補う方法を理解していることなど、まさにメタ認知的要素が実践的知能の基礎となるからです。実践的知能が低い場合には、分析や創造などの能力が高かったとしても、これらを現実生活の場面で十分に活かせなくなってしまいます。

（2） ガードナーによる多重知能理論

ガードナーは、領域を超えた普遍的なものとして知能をとらえることや、認知的側面のみに知能を限定することに、かねがね疑問を抱いていました。彼は、サヴァン症候群のような特異な才能を見せる発達障害の事例観察や、失語症のような症例についての神経科学的な知見などから、知能をより多面的にとらえる必要性を痛感していたのです。

ガードナーによる多重知能理論では、①言語的知能、②論理・数学的知能、③音楽的知能、④空間的知能、⑤身体・運動的知能、⑥対人的知能、⑦個人内知能（内省的知能）の七つの知能を想定し、一九九五年に⑧博物学的知能を追加しています。[11] この中で、対人的知能と個人内知能はそれぞれ、他者の気持ちを理解し適切な対応がとれる知能、自分の感情や行動をコントロールできる知能を意味し、これらはメタ認知と深く関わっています。

ガードナーは、知能の測定可能性や従来の知能理論との関連性には、必ずしもこだわっていません。彼は、知能のあり方は各個人において独自のものであると見なしており、他者との単純な比較には意義を見出していないようです。また、八つの知能をそれぞれ独立した別個のものとして扱っている点も特徴的です。

（３）感情の知能

メイヤーやサロヴェイは感情の知能という概念を提唱しています。感情の知能とは、感情の果たす機能を理解し、自分や他者の感情を正しく把握し、人間関係も含めた問題解決に感情を活かす能力を指すものです。感情の知能は、一般に、次の四つに分類されます。[12]

①感情を正しく知覚・評価し表出する能力
自分や他者の感情状態を正しく見抜き、また、自分の感情を適切な形で表出する能力

②感情を活用して思考を促進する能力
失敗しても諦めずに自分を動機づけ、判断や問題解決へと自らを駆り立てる能力

③感情を理解する能力
ある感情を引き起こす原因やある感情が招く結果、感情の変化を理解する能力

④自分や他者の感情をモニターし調整する能力
ネガティブな感情を和らげポジティブな感情を増幅させる能力

なお、感情の知能という語を世界に広めたのは、科学ジャーナリストのダニエル・ゴールマンです。彼の著書が驚異的なベストセラーとなったことにより、EQというキャッチフレーズが当時の流行語となりました。ゴールマンはメイヤーやサロヴェイたちよりも広い意味で感情の知能という語を用いていますが、いずれも、実質的には、感情についてのメタ認知を含んでいます。[13]

感情の知能を育む教育プログラムとして、ライフスキル・トレーニングやセルフ・サイエンスといった取り組みが行われていますが、こうしたプログラムは、メンタルヘルスの向上や、虐待・反社会的行動の減少という形で効果をあげています。また、一部には学業成績さえも向上させたとする報告があります。[14]

感情の知能は、ガードナーの言う対人的知能および個人内知能に関連しています。ガードナーの理論と同様に、感情の知能という考え方は、概念がやや曖昧であることや測定が困難であるといった点で批判を受けることもあります。しかしながら、メタ認知的な要素を知能に組み込んだ点、対人的（社会的）・感情的側面にまで知能概念を拡張しており、限定的であり過ぎた伝統的知能研究に風穴をあけたという点では、評価できるものだと言えるでしょう。

頭の働きを左右するのはメタ認知

自分の潜在的な知的能力（認知能力）を実際に発揮できるか否か、うまく活用できるかどうかは、メタ認知にかかっています。そのため、新しい知能観においては、メタ認知能力を知能に含めて考えています。自分の認知能力を活用する能力、より上位の認知能力であるメタ認知を知能の枠の外に出してしまうという考え方は、もはや通用しにくくなってきていきます。しかも、メタ認知を知能に含めることにより、より広範な知能が説明しやすくなるというメリットがあります。知能に関する研究を概観して、ジーン・プレッツとスタンバーグは、知能が次の二つと関連しており、メタ認知を含むと結論づけています。[15]

①基礎的な認知過程の効率のよさ
②メタ認知的コントロールと認知過程の柔軟さ

彼らが言うように、知能は単なる優れた認知能力ではなく、認知能力を適応的に活用する能力であり、それは、私たちが日常生活の中で直面する、複雑な認知課題を解決する際にいっそうはっきりと表れます。

スタンバーグによる知能のとらえ方は、このように、認知心理学との親和性が非常に高いものです。一方、ガードナーの多面的な知能のとらえ方は、より広いものですが、現実の生活の中で必要とされる知的能力を重視するといった、スタンバーグの考えとの共通点も見受けられます。そうした共通点があるため、彼らはともに、学校のための実践的知能(Practical Intelligence For School：ＰＩＦＳ)というプロジェクトを立ち上げ、これを推進したのです。

二人の考えは、次の点で一致していました。

学校では、知能は通常、言語的・数学的推論能力のテストで定義され評価されるが、これは非常に限定的な知能のとらえ方である。一方、現実世界では、知能はテストでよい成績を収めるよりもはるかに多くのものを意味する。つまり、自分自身を理解し、自分を幸せにする方法や、他者とうまく折り合って現実世界の問題を解決する方法を知っていることこそ、知能の高さを表している。

この考えに基づいて始められたのが、ＰＩＦＳプロジェクトです。二人は共同研究者とともに、日本の中学校に相当する、アメリカのミドルスクールにおいて、学校に必要な実践的知能を高める教育を行いました。二年間の介入を行うにあたり、メタ認知的な気づきを促すために、次のような五つのテーマが設定されました。

①「なぜか」を知る
　なぜ学校が存在するのか。生徒が読み書きを学び、宿題をし、テストを受けなければならないのは、なぜか。学校で成果をあげるためには、さまざまな学校課題の目的や、学ぶことが彼らの今の生活にどう関わっているのか、後に彼らの生活を改善するのにどう役立つのかを生徒が知っておく必要がある。

②自分を知る
　自分の長所、短所、習慣、関心はどのようなものか。自己評価は、生徒が自分の学習習慣や知的好みを理解し、長所を伸ばし短所を補う助けになる。

③違いを知る

学校の教科ではそれぞれ、内容、学習のプロセス、典型的なテスト形式がどのように異なるのか。たとえば、数学のテストのための勉強は、社会科のそれとどう違うのか？学校の要請は、学外のそれとどのように異なるのか。これらさまざまな種類の勉強の関連性と違いを知ることにより、生徒は学習の方略とスタイルを適切に使い分けるようになる。

④過程を知る

困難にぶつかった時、生徒はどうすべきか。どのような段階（計画を立てる、リソースを活用するなど）が、学校課題を達成するために必要とされるのか。プロセスに注意を集中し、自分で問題を理解し定義することによって、生徒は効果的な方略を計画し、リソースを配分し、彼らのすべきことを達成するために知っていることを活用することができる。

⑤見直す
課題に対して最初に出した答や草稿はベストだろうか。たぶん、そうではない。時間をかけて念入りに見直すことは、多くの場合それだけの価値がある。よくできる生徒は自己モニタリングと省察の重要さを知っている。

ＰＩＦＳプロジェクトでは、数学や国語等の教科学習そのものではなく、教科全般に関連した間接的な形で学びを支援します。たとえば、宿題やテストも含めてある学習活動が、なぜ必要なのか、自分にとってどのような意味を持つのか、学んだことが日常生活や将来にどうつながるのか、といった学校での学習に共通した問いを考えさせ、仲間との意見交換や教師のガイドによって、次第に本質的な答へと導いていきます。問いに対する答をともに探し、学ぶ意義や学習活動の効果を十分に理解させることができれば、生徒たちの学習への取り組みや成果が、明確な形で現れることが期待できます。プロジェトは成功を収め、期待通りの結果が得られました。[16]

このように、実践的知能には、動機づけや感情といった非認知的な要素が大きく関わっています。私たちの日常の問題解決を考えてみると、実は、動機づけや感情といった非認知的な能力も、課題達成に大きく影響しています。

本当の頭のよさとは、狭い意味での認知能力の高さだけではなく、非認知的な能力を援用したり、また、他者とうまく協働したり、外部の環境を活用したりすることによって、自分の認知能力を高め、それを発揮することができる力でしょう。したがって、課題達成を側面からサポートする動機づけや感情、対人関係や環境の影響をよく理解し、これを適切な状態に保とうとする力もメタ認知能力としてとらえることができます。これらの問題は、第４章において、改めて論じることにします。

なぜメタ認知が注目されるようになったのか

ここまで述べてきたように、頭のよさを支える中核的な要素は、実はメタ認知であるという気づきが、人々の間で次第に共有されるようになってきました。これに加えて、メタ認知への注目を促したもう一つの社会的な背景があります。それは、学校教育で育てるべき学力の見直しから始まりました。

学力とは、学習によって獲得された能力ですが、旧来の学力観では、知識・技能に焦点を当て、あらかじめ用意された問題の正答に速く到達することに価値を置いてきました。それに対して、OECD（経済協力開発機構）によるPISA（国際学習到達度調査）で測定される学力、いわゆるPISA型学力では、実生活で直面する多様な課題に対して、知識や技能がどの程度活用できるかが評価されます。単に知識・技能があるだけではなく、思考・判断する力が求められているのです。これは、二一世紀型の新しい学力として注目されてきました。この新しい学力観の基礎となるものは、コンピテンシーと呼ばれる概念です。コンピテンシーとは本来、能力や力量を意味する語ですが、OECDは知識やスキルを活用するための動機づけや態度、そして実際に行動に移すことなども含めています。

OECDはさらに、デセコ（DeSeCo：Definition & Selection of Competencies　コンピテンシーの定義と選択）と呼ばれるプロジェクト（一九九七〜二〇〇三年）を立ち上げ、私たち一人ひとりの人生の成功と社会の発展を両立させるための、特に基本となる重要なコンピテンシー、すなわち、キー・コンピテンシーを次の三つに定めました。①自律的に活動する力、②言語やコンピュータなどの道具を相互作用的に用いる力、③異質な集団で交流する力。

そして、さらにその中核には思慮深さ（reflectiveness）を位置づけています。この思慮深さは、メタ認知と関連の深いものです。

デセコ・プロジェクトは終了しましたが、その後、ＯＥＣＤではEducation 2030と呼ばれるプロジェクトが進められています（http://www.oecd.org/education/2030/OECD%20Education%202030%20Position%20Paper.pdf）。このプロジェクトは、現在の子どもたちが大人になる二〇三〇年という近未来には、どのような能力が求められるのか、その時に必要となるコンピテンシーを検討するとともに、そうしたコンピテンシーを育成するためのカリキュラムや教授法、学習評価などを検討するものです。

すでに私たちは、ＶＵＣＡと称される世界に生きています。ＶＵＣＡとは、「Volatility（変動性）」「Uncertainty（不確実性）」「Complexity（複雑性）」「Ambiguity（曖昧性）」の頭文字を並べたものです。近未来には、さらに変動の激しい、不確実で複雑、そして曖昧な世界となっていることが予想されます。このような世界で生きるためには、もはや、従来の学力観では通用しないでしょう。基礎的な学力はもちろんのこと、これに加えて、より広い視野に立って物事を考える力が求められ、自分だけの利益や目先の繁栄ではなく、世界全体の持続的、多面的な意味での幸せ（これらは、ウェルビーイングwell-beingと称されています）を実現するための賢さが、一人ひとりに求められているのです。

世界を見据えた広い視野で、多様な立場や考えを尊重しつつ調整していくこと、環境汚染や災害、資源の枯渇といった喫緊の問題への対応のためには、「判断・行動の主体は、他ならぬ自分である」という意識を持つことが必要です。また、メタ認知を十分に働かせた判断・意思決定を行うことが必要になるでしょう。

その上で、社会参画を通じて人々やものごと、環境をよりよいものにしていくという責任感を持つことが求められます。Education 2030では、これを「エージェンシー」という言葉で表しています。ここで言うエージェンシーは、従来の心理学用語であるエージェンシーの意味をさらに拡張した言葉です。

Education 2030は現在進行中ですが、ある意味で「真の賢さ」を獲得するための方策が議論されており、これは子どもたちだけでなく、実は、私たち大人にも必要とされる内容です。

国内においても、文部科学省による学習指導要領の改訂が行われ、現在の改訂版では、メタ認知という言葉が登場しています。新学習指導要領では、学力を、①「知識及び技能」②「思考力・判断力・表現力等」③「学びに向かう力・人間性等」の三点にまとめており、ここで言う学びに向かう力とは、知識・技能や思考力・判断力・表現力をどのように働かせるかを決める重要な要素です。そして、主体的に学習に取り組む態度を含めた学びに向かう力、自分の感情や行動をコントロールする力、自らの思考のプロセス等を客観的にとらえる力といった、メタ認知に関する内容が想定されています。

なお、新学習指導要領は、二〇二〇年度から小学校で、二〇二一年度から中学校で全面的に実施されています。高校では、二〇二二年度の入学者から学年進行で実施予定となっています。

このように、今後の社会を生きるために、そして、そのための学びにおいて、メタ認知の概念が浮上してきたのです。本当の賢さ、頭のよさは、もはや学業成績の向上や立身出世といった狭い目的を超えて、自分を含めた社会の構成員がよりよく生きるために欠かせないものとなりました。こうした背景のもと、メタ認知の必要性が、より深く認識されるようになったと言えるでしょう。

本章のまとめ

- 心理学において、頭のよさは知能という概念でとらえられてきた
- 知能検査は、もともと、子どもの知的発達の遅れを見つける目的から始まった
- 因子分析に基づく知能検査により、知能指数（ＩＱ）が知能の指標として用いられる

ようになった
・知能を幅広く現実的にとらえる知能観が、旧来の知能観に取って代わりつつある
・メタ認知能力が頭のよさの中核であるという考え方が次第に広まってきた
・近未来を見据えた教育の中に、メタ認知が位置づけられるようになった

次章では、メタ認知を働かせて頭を上手に使う方法について見ていくことにしましょう。

第3章　メタ認知で頭を上手に使う

睡眠の偉大な力

私の母は、勉強にはうるさくないものの生活時間についてはけっこう口やかましく、健康のために早寝早起きをするよう、毎日言い続けていました。私は血圧が低く、早起きが苦手である一方、宵っ張りというタイプで、子どもの頃から常に注意を受けていました。「この子に早寝早起きをさせることは無理」と悟った母は、今度はせめて睡眠時間を長くとるようにと言い始めました。就寝が遅くなった翌朝は、いつまでも寝かせておいてくれましたので、私にとっては大助かりでした。実は、私はロングスリーパーであり、睡眠不足にとても弱かったのです。しかも眠ることが大好きときており、就寝中にさまざまな夢を見ることも楽しみの一つでした。

こうした体質や好みの問題とは別に、私はある時から、睡眠と頭の働きの関係に気づき始めました。睡眠不足だと、まるで頭の中に霧が立ち込めているような状態で、頭が悪くなったように感じるのです。逆に、しっかり睡眠をとった翌日は、頭の中がすっきりと晴れ渡り、記憶力・思考力がよくなるという具合に、頭が活発に働いてくれるような気がするのです。

この頭の働きの違いは、授業中にいきなり指名されて先生の質問に答える時だけでなく、中間テストや期末テストなどの定期テストの時にも感じました。テスト勉強が少々準備不足であっても、前日にしっかり睡眠をとっておけば、何となく答えられるのです。覚えるべきことをまったく覚えていない場合、完全に暗記を必要とする問題には無理でしたが、考えることで何とかなる数学のような科目では、睡眠の効果は歴然としているように思えました。

実は、学習と睡眠の関係については、古くから研究のテーマになっていました。すでに一九二四年には、ジョン・ジェンキンスとカール・ダレンバッハが記憶に及ぼす睡眠の影響を調べており、睡眠の重要性を指摘しています。彼らが用いた記憶材料は無意味綴りと呼ばれる覚えにくいものでしたが、記憶した後に睡眠をとった条件では五〇パーセント以上を覚えていたのに対し、睡眠をとらなかった条件では、一〇パーセント程度しか覚えていませんでした。このことから、何かを覚えた後には睡眠をとった方がよいことがわかります。

記憶以外にも、睡眠をとる条件ととらない条件を比較した研究が紹介されています。たとえば、コンピュータ画面上に瞬間的に呈示された複雑な模様の特徴を認識する課題や対連合学習課題（二つの語をペアにして覚える課題）、音程を聴き分ける課題、コンピュータシミュレーションを用いた空間課題など、実にさまざまな認知課題において、睡眠をとったグループがとらなかったグループよりもよい成績をあげたという数々の知見があることが示されました。[1]

さらに、中高生を対象とした調査研究では、平日の睡眠時間が七時間以下の生徒の成績が芳しくないという報告があります。[2]こうしたことから、睡眠時間を節約することは、学習にとって賢明ではないと言えます。

睡眠をとらずに起きていると、頭を使う認知的な作業の効率は低下します。「寝る間を惜しむ」のは得策とは言えません。たまに、「テストの前日に猛勉強をしても、いったん眠ると、せっかく詰め込んだ知識を忘れてしまうのではないか」と心配して徹夜をする人がいるようですが、それでは肝心のテストの際に頭の働きが悪くなり、残念ながら逆効果になってしまいます。睡眠の効果について、きちんとしたメタ認知的知識を持ち、積極的に眠りを活用した方がよいでしょう。

就寝前は記憶のゴールデンタイム

眠ることが大好きな私は、中学の頃から自分を被験者にして「眠り」にまつわる実験もいろいろと行いました。そして、実験の末に得た自分なりの大発見に、「就寝前記憶効果」（注：当時の私が勝手に名づけたもので、心理学用語ではありません）があります。これは、眠りにつく前の時間帯に入力系の勉強をしておくと効率がよいというものです。わずかな手間で、頭が勝手に覚えてくれるといった感じです。ちなみに入力系の勉強とは、覚える（記憶する）勉強のことです。問題を解く、あれこれ考えるなどの思考系の勉強は、これに当てはまりません。

先に述べた、就寝中の脳の働きについての知識などまったくなかった私には、この就寝前記憶効果が不思議でなりませんでした。眠っている間に、頭の中でいったい何が起こっているのだろうと、よく考え込んだものです。原理はわからないものの、効果が歴然としていたので、就寝前は記憶の時間にすることにしました。すると、副次効果として、何かを真剣に覚えようとしてから眠りにつくと寝つきもよくなるという「おまけ」までついてきました。たぶん、単純な記憶作業が少々退屈だったのと、脳が疲労したことも原因だったのではないかと思います。

眠っている間は意識がないため、私たちは、脳が完全に休んでいると思いがちですが、実は、脳は睡眠中にも活動しているのです。その根拠として、レム睡眠を挙げることができます。

レム睡眠とは、急速眼球運動（Rapid Eye Movement：REM）を伴う睡眠のことです。眠りに落ちてから次第に睡眠は深くなりますが、その後浅い眠りであるレム睡眠に入ります。一晩の眠りの中では、約九〇分のサイクルでレム睡眠とノンレム睡眠が交互に起こります。

レム睡眠においては、眠っているにもかかわらず、起きている時と同様に大脳が活発に活動しており、また、心拍数が増加しています。[3] レムを伴わない睡眠はノンレム睡眠と呼ばれる深い睡眠です。一晩の睡眠中に、レム期とノンレム期が交互に生じ、およそ四〜五回程度のレム期があるとされています。レム期の脳は、覚醒寸前のところまで行き、再び深い眠りを伴うノンレム期へと移行します。

実は、このレム期には、新しく学んだことを、すでに知っていることと関連づけたり記憶を整理したりする活動が生じ、記憶の定着が生じます。[4] その結果として、必要な時に思い出しやすくなります。また、眠る前には気づかなかった、ある情報と別の情報との関連性に気づきやすくなります。つまり、眠っている間にも学習は進むのです。

このことから、(私が昔考えたような) 寝る直前でなくとも、その日に得た情報は就寝中に整理されて定着すると言えそうですが、もう一つ大きな就寝前効果を挙げることができます。それは、記憶に逆向抑制がかからないという点です。逆向抑制とは、あることを学んだ直後に別のことを学ぶと、先の学習が妨害を受けてしまうという現象です。眠ってしまえば、その後何も情報が入力されないため、眠りにつく前に入力した情報が守られるというわけです。

これは、注意すべき点でもあります。というのは、せっかく就寝前に記憶したとしても、その後、「寝る前にちょっと一息入れよう」と、ネットの記事を見たりすると、今度はその情報が鮮明に残ってしまい、先ほど一生懸命に覚えたことが逆向抑制を受けて水の泡となりかねないためです。油断は禁物です。メタ認知を働かせて、記憶学習の後は、さっさと寝てしまう方がよいでしょう。

緊張と弛緩の絶妙なバランス

入学試験などの大切なテストの時にはもちろんのこと、人前での発表などにも、緊張しやすい人とそうでない人がいます。特に大勢の人の前で発表する際には、人馴れしていない人は緊張しやすいでしょう。私も昔はそうでした。「緊張して、頭の中が真っ白になる」という表現があるように、過度の緊張は思考力を奪ってしまいます。そこで一般には、緊張しない方が思考力を発揮しやすいと考えがちです。でも、ある時ふと、「本当にそうだろうか」と考えたのです。

実は、幼稚園でほとんど誰とも話さなかった私も、次第に人馴れしてきたせいか、人前の発表にも上がることが少なくなり、さらにはそのうちテストも平気になりました。すると、時折うまくいかないことが出てきたのです。「もしかすると、リラックスし過ぎてもよくないのだろうか」と思い始めました。かと言って緊張するのもよくないし……。ということで、バランスをとる、つまり適度に緊張するとよいのではないか、という考えにたどり着きました。緊張し過ぎず弛緩もし過ぎずというのは、けっこう難しいのですが、これがうまくいく

図11　ヤーキーズ・ドッドソンの法則（Diamondら、2007[6]より作成）

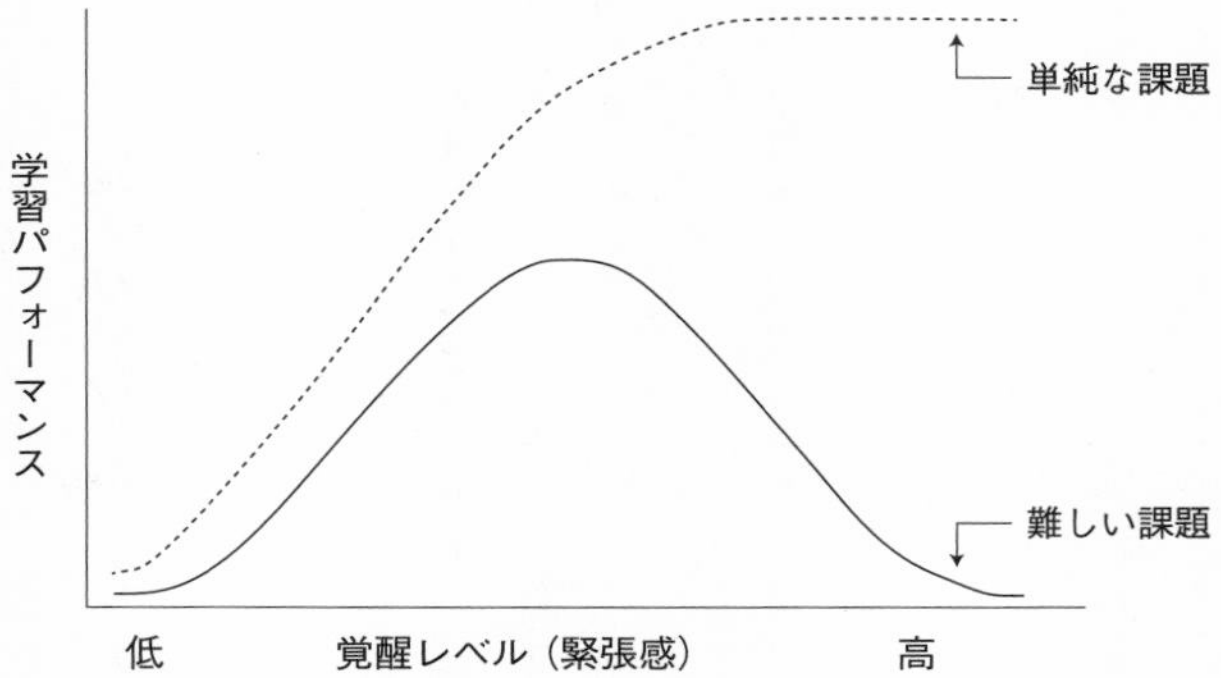

とよい結果が得られるように感じます。

認知活動、つまり頭を使う作業と緊張の度合い（覚醒レベル）との関係については、ヤーキーズ・ドッドソンの法則が参考になります。頭を使う作業は適度な緊張感のもとで最も効果的になることを、ヤーキーズとドッドソンの二人の心理学者がネズミの学習実験によって発見しました。[5] 覚醒レベルが低いと学習パフォーマンスも低いのですが、あるところまでは、パフォーマンスは緊張感とともに高まります。そして、難しい課題の場合には、緊張が度を越すとパフォーマンスは下がっていきます。一方、課題が単純な場合には、緊張感が増してもパフォーマンスは下がらないことがわかっています（図11）。

人間の場合も同様に、緊張感がなさ過ぎても、パフォーマンスが上がらないということを知っておくと、頭の働きをよくするのに役立つでしょう。やはり、緊張と弛緩のバランスを上手にとることがポイントのようです。同じ場面に直面した時でも、緊張のレベルは人によって異なります。そこで、ふだんから自分の緊張状態をモニターし、自分にとって最適な緊張レベルを知っておくとよいでしょう。

理解・納得こそ最高の記憶術

何かを覚える際に、意味もわからず丸暗記がいくらでもできてしまうのは、子ども時代の特権です。しかし残念なことに、この特権が使えるのは、せいぜい思春期の頃まででしょうか。少なくとも、私たち大人には、丸暗記は大変難しいことです。もちろん子どもであっても、意味がわかって覚える方が、断然有利になります。意味がよく理解でき、そして「ああ、なるほどね」と納得できれば、その内容は頭に入りやすく、抜け落ちにくくなります。

では、ここで、次の文章を、できるだけ正確に覚えようとしてみてください。

その手順はとても簡単である。まず、ものをいくつかの山に分ける。もちろん、量が少ない時には、一山でもよい。次のステップに必要な設備がないためどこか他の場所へ移動する場合を除いては、準備完了である。一度にたくさんし過ぎないことが重要である。多過ぎるより、少な過ぎる方がましだ。すぐにはこのことの大切さがわからないかもしれないが、この注意を守らなければ、面倒なことになりかねない。そうしなければ、高くつくことにもなる。最初はこうした手順が複雑に思えるだろう。しかし、それはすぐに生活の一部になってしまう。近い将来、この作業の必要性がなくなると予言できる人はいないだろう。その手順が終わったら、再び材料をいくつかの山に分けて整理する。そして、それぞれ適切な場所に置く。それらはもう一度使用され、またこのすべてのサイクルが繰り返される。面倒ではあっても、それは生活の一部である。[7]

これは、認知心理学の教科書によく出てくる文章なので、ご存じの方がいるかもしれませんね。でも、初めてこの文章を読み、これを覚えようとすると、ほぼ不可能に近いのではないでしょうか。わけのわからないものを無理やり覚えようとすると、とても効率が悪くなります。

この文章は、わざと少しわかりにくくした不親切な文章ではありますが、実は洗濯の手順を書いたものなのです。そう言われれば、「あっ、そうか」と腑に落ちるのではないでしょうか。文章を読んだり話を聞いたりする前に、タイトルや見出しが示されていれば、その話が急に理解しやすいものとなります。これは、知識の枠組みである「スキーマ」を活用することができるからです。先の文章では、洗濯についてのまとまった知識すなわち「洗濯スキーマ」を私たちが持っているため、これを先に活性化しておくことで、話の内容が理解しやすくなるわけです。その結果、ぐんと覚えやすくなるのです。ということは、何かを覚えなければならない時には、まず内容を理解するよう努めることが、結局は近道だと言えるでしょう。ジョン・ブランスフォードたちのグループは、一連の実験によって、このことを明らかにしています。

では、ここで、次の文を見てください。[8] あなたは、いくつ覚えられるでしょうか？

①歯の抜けた人がコードを差し込んだ
②眠い人が水差しを持っていた
③親切な人が牛乳のフタを開けた
④やせた人がハサミを買った

⑤力持ちの人がペンキのハケを洗った

この、なんだかわけのわからない文のリストを順番に一回だけ聞かされて、「水差しを持っていたのはどんな人？」と問われたなら、あなたは答えられるでしょうか？　おそらく、すでに記憶がこんがらがってしまっていると思います。それは、「なぜそんなことをしたのか」という理由が理解できていないためです。言い換えれば、それぞれの行動の必然性がよくわからないためです。

では、次のような理由づけをすると、どうでしょう。

①（歯の抜けた人がコードを差し込んだのは）ミキサーで食べ物を軟らかくするためだった
②（眠い人が水差しを持っていたのは）眠気覚ましのコーヒーをいれるためだった
③（親切な人が牛乳のフタを開けたのは）お腹をすかせた子どもにあげるためだった
④（やせた人がハサミを買ったのは）ズボンのウエストを詰めるためだった
⑤（力持ちの人がペンキのハケを洗ったのは）バーベルにペンキを塗ったからだった

今度は行動の理由がわかり納得できるため、理由がわからないまま覚えるよりも頭に入りやすく、また、思い出しやすくなるのではないでしょうか。理由がよくわかり、書いてあることの意味が理解・納得できると、格段に頭に入りやすくなります。そして、覚えやすくなります。情報の意味を理解することが記憶の大きな助けになるというメタ認知的知識は小学生にとっても必要です。

小学校五年生の、学業成績のよい子どもとよくない子どもを比べた研究では、成績のよくない子どもたちが、自分にとって、ある学習が容易か困難かの判断で失敗しがちであることを見出しました。[9] 彼らは、たとえば次のような二つの文を子どもたちに見せて、どちらが覚えやすいかを尋ねました。

①力持ちの男が、自分の友人がピアノを動かすのを手伝った

②力持ちの男が、朝食の間に新聞を読んだ

すると、成績のよい子どもは①と答え、成績のよくない子どもは②と答える傾向がありました。

文の長さだけに着目すると、①より②が短いのですが、①の方が②よりも理解しやすく覚えやすいと考えられます。時間が経っても、思い出しやすいでしょう。それは、「力持ちであること」は、新聞を読むことよりもピアノを動かすことと密接な関連があるためです。成績のよい子どもたちはこのことを正しく判断できましたが、成績のよくない子どもたちは、うまく判断できなかったのです。なぜ①が②よりも理解しやすく覚えやすいのかという理由を、彼らはよくわかっていませんでした。

文に含まれる個々の情報を関連づけ意味づけることを、精緻化リハーサルと呼びます。ある内容を覚えるためには、この精緻化が、きわめて重要です。①の文では、「力持ちなので、重いピアノを動かす手伝いができた」という具合に、適切な精緻化をしやすく、わかりやすいのですが、②の文はそうではありません。つまり、与えられた文そのものにおいては、なぜ力持ちの男が、朝食の間に新聞を読んだのか、そこに納得できる関連性が見出せません。そのため、子どもたちが自分で苦心して関連づけを行う必要があり、②の理解・記憶が①よりも困難になるわけです。

このことを、成績のよくない子どもたちは十分にわかっていないように見えます。彼らには、あまり考えずに、与えられた文をそのまま繰り返して丸暗記（維持リハーサル）しようとする傾向があるようです。そのため、文の長さのみに着目して学習の容易さを判断してしまい、短い文の方が覚えやすいと考えるのです。

言うまでもなく、維持リハーサルよりも精緻化リハーサルの方が、効果的な記憶方略です。そこで次に、ブランスフォードらの研究グループは、維持リハーサルから精緻化リハーサルに移行させれば記憶成績が上がるのではないかと考え、自分で意味づけをするという精緻化の有効性を教えるとともに、精緻化の方法をトレーニングしました。先ほどの「力持ちの男が、朝食の間に新聞を読んだ」という文であれば、たとえば「力持ちの男が、力仕事のアルバイトを探すために、朝食の間に新聞を読んだ」というような意味づけをすれば、覚えやすく、また思い出しやすくなるでしょう。

精緻化のトレーニングをしてみると、文を覚えることについての子どもたちの記憶成績は、実際に向上したのです。このことから、成績のよくない子どもたちに対して、精緻化リハーサルは維持リハーサルよりも効果的な記憶方略であるというメタ認知的知識を獲得させ、自ら精緻化方略を試してみることでその効果を実感させるという、メタ認知的な働きかけが有効であることがわかります。

文脈化と脱文脈化が応用力を生む

まずは一度、次の問題を考えてみてください。

〈要塞問題〉
ある国の将軍は、独裁者から国を解放するために、国の中央にある要塞を攻略しようとした。そのためには大群で攻め込む必要があるが、要塞に通じる放射状の道路には地雷が埋めてあり、大群で通ると爆発する。どうすれば、地雷を爆発させずに攻略することができるか。

これは、なかなか難しい問題だと思います。早く答を知りたい方のために、先に言ってしまいましょう。「小部隊に分かれて四方八方から進み、要塞で結集する」というのが答です。
では、次の問題はいかがでしょうか。

〈放射線問題〉

ある患者は、胃に悪性の腫瘍がある。そのままでは死に至るので、腫瘍を破壊する必要がある。しかし、その患者には体力がなく手術はできないため、放射線による治療を行わなければならない。強い放射線を当てれば、腫瘍は破壊できる。しかし、腫瘍は体の内部にあるため、外から強い放射線を当てると健康な組織も破壊されてしまう。どうすれば、健康な組織を傷つけずに、腫瘍だけを破壊することができるか。

こちらも答を言ってしまうと、「四方八方から弱い放射線を照射し、腫瘍で集結させる」というものです。

さて、あなたは気づいたでしょうか？　実は、先ほどの要塞問題とこの問題の解決法は、同じ構造を持っています。それは、「四方八方から送った小さな力を集結させて大きくし、標的をアタックする」という構造です。

アメリカの大学生を対象に行った実験では、まず「要塞問題とその答」をセットにして呈示した後、放射線問題を出して解決法を考えてもらいました[10]。その際、この要塞問題が放射線問題の解決に関係があるというヒントを与えた場合には、約八〇パーセントの学生が正しく答えました。これはかなり高い正答率ではありますが、明らかなヒントがあったにもかかわらず、一〇〇パーセントには届かなかったのです。一方、ヒントを出さずに、「要塞問題とその答」を示した後に放射線問題を考えてもらうと、正答できたのは四〇パーセント程度にしかなりませんでした。放射線問題だけを単独で出した場合の正答率は、たったの一〇パーセントでしたから、さすがに、直前に見た要塞問題とこの問題が同型であることに気づいた学生たちがいて、正答率が上がったのでしょう。それにしても、この結果は、約六〇パーセントの学生が、二つの問題の同型性に気づかなかったということを示しています。せっかく直前に学んでいながら、なぜ、その学びを活かせなかったのでしょうか。

それは、カバーストーリーに惑わされたためです。要塞問題は軍事問題であり、放射線問題は医療の問題です。両者のテーマは、まったく異質であり、かけ離れたものです。そこで、つい私たちは、両者を別物、無関係なものと思い込んでしまうのです。これほどカバーストーリーが違っていれば、無理もないような気もします。しかし、そうは言っても、カバーストーリーがよく似ていなければ学びを活かせないというのでは困ります。これは、応用が利かないということに他ならないからです。私たちが直面する日常の問題には、「見かけはそれぞれ違っている」ものが多いため、カバーストーリーにばかりとらわれていたのでは、経験から学んだことが活かせません。見かけの違いに目を奪われずに知識を応用する力こそが、必要になってくるのです。

学んだことを別の文脈でも応用できるという、「学習の転移」が起こりやすくなるためには、どうすればよいのでしょうか。ここで知っておきたいのは、文脈化と脱文脈化の効果です。「文脈化」とは、抽象的な知識に文脈を与えること、すなわち具体的な事例と結びつけることです。この文脈化が、学習の転移のために重要な役割を果たすのです[11]。先ほどの問題で言うと、「四方八方から送った小さな力を集結させて大きくし、標的をアタックする」という方法を、抽象的な知識として学んだとしても、いざ具体的な問題に直面した時に、この知識を思い出せるかと言うと、心もとない限りです。一方、要塞問題という具体的な文脈の中に埋め込むことで、はるかに記憶に残りやすく、また思い出しやすくなります。

しかし、先ほどの実験結果からも、知識をただ文脈に埋め込んだだけでは、その文脈を離れると、うまく使えない場合が多いことがわかります。具体的な事例だけが呈示されると、よく似た文脈への転移（これを近転移と言います）は生じるかもしれませんが、見かけの異なる文脈への転移（これを遠転移と言います）は起こりにくいのです。遠転移のためには、カバーストーリーすなわち事例の表面的な特徴に惑わされず、その事例の中から本質的な構造を取り出す「脱文脈化」のプロセスが必要です。文脈化と脱文脈化の両方のプロセスを経ることが、学んだことをしっかりと身につけて、応用できる頭の状態を作ると言えます。このことをメタ認知的知識として念頭に置き、意識的に文脈化と脱文脈化を行う習慣をつけておくとよいでしょう。

テストの知られざる効用

覚えたはずのことが、必要な時にスムーズに出てこない……といった経験はないでしょうか。実は、覚えているつもりだったのに、いざとなると思い出せないということは、案外多いものです。これは、自分があることを正確に覚えているかどうかについてのメタ認知的モニタリングが、十分に働いていないことによって起こります。自分がきちんと覚えられたのかどうかを明確にするもの、それはテストです。

「今からテストをします」と言われて喜ぶ人はあまりいないと思いますが、実はテストは、主体性を持ってうまく使えば、非常に役立つものなのです。まず、テストによって記憶を確かめることができます。記憶があやふやだと、テストで答えることができません。これは、誰もが知っていることですね。ところが、テストの効用は、これだけではないのです。実は、記憶の定着に大きな効果を持っているのです。

あることを正確に覚えているかどうかを調べる記憶テストは、私たちがすでに長期記憶に貯蔵したものを思い出す（想起する）練習になるため、効果があるのです。思い出そうとすること、すなわち想起努力によって記憶がより強固なものになるという効果を「テスト効果」と呼びます。大学生を対象とした実験で、ヘンリー・レディガーたちは、テキストを読んだ直後にテストを受けたグループと、テストを受けずにテキストをもう一度読んだグループの二日後のテスト成績を比べました。すると、テストを受けたグループの成績が、テストを受けずにテキストをもう一度読んだグループよりも優れていたのです。一週間後のテスト成績を調べると、さらに両グループの成績の差が開いていました[12]。

レディガーたちの実験結果は、覚えた内容を思い出そうとすることが、記憶にとって非常に効果的であるということを示しています。私たちはテストを受けることによって、覚えた内容を真剣に緊張感を持って思い出そうとするわけですが、この時の、思い出そうとする想起努力が、ただ漫然とテキストを読み直すよりも記憶の定着に効果を持つということです。

さらには、テストを実際に受けるかどうかは別にしても、「テストがある」と予期することによっても、記憶成績が上がるという効果があり、こちらはテスト期待効果と呼ばれています。[13]記憶する際にテストを意識することが緊張感にもつながり、効果をもたらすのでしょう。

強制的に受けさせられるテストや成績評価のために行われるテストは、誰にとっても嫌なものかもしれません。しかしながら、自らが主体的に、このテスト効果を活用してみるのは、とてもよい方法です。テストを受ける時に、あるいはテストに備えて、繰り返し思い出すことが役立ちます。こうしたことをメタ認知した上で、自分でテスト問題を作成したり、仲間とともに問題を出し合ったりすることは、お勧めできる方法です。

メンタルブロックを崩す

ある成績のよくない中学生がいました。彼は英語も苦手で、簡単な英単語も積極的に覚えようとしません。自分はどうせ勉強ができないのだという諦めの気持ちが、いつも先に立つのです。補習塾に通っていたのですが、やる気も今ひとつという状態で、なかなか成果が上がりません。ある時、塾の講師が、彼にも答えられそうな問題を出しました。

「『始める』は英語で何て言う？」

中学生は、間髪を入れずに答えます。

「わかりません」

講師は、さらに易しい問題を出します。

「それじゃ、『飲む』は英語で？」

再び、中学生からは、同じ答が返ってきます。

「わかりません」

うーん、わからないはずはないのにな……と困惑する講師。そこで、質問の仕方を変えてみました。

「陸上競技で、選手が最初に並ぶ線は何ライン？」

「……スタートライン？　あ、そうか。『始める』はスタートかな」

「飲食店で、メニューに書いてある飲み物は、ソフト何？」

「……ソフトドリンク。あ、だから『飲む』はドリンクか！」

このように、その中学生は、わかるはずのことを最初から諦めていて、考えようとしなかったのです。でも、講師の巧みな誘導によって、自ら考え、答えることができました。

熱心な塾講師から聞いた、このエピソードは、私たちに重要なことを気づかせてくれます。それは、「どうせ自分にはできない」「どうせわからないに決まっている」という思い込みが、できるはずのことをできなくさせ、わかるはずのことをわからなくさせてしまうということです。これを、メンタルブロックと呼びます。「自分には無理」と決めつけることによって、それ以上試みることをやめてしまうのです。

「どうせできない、考えても無駄」というメンタルブロックを崩すには、「よく考えるとわかった！」「諦めなければ、できるようになった！」という体験によって自信をつけることが役立ちます。小さな成功体験が小さな自信を与えてくれ、これが積み重なることで大きな自信となります。そして、「がんばれば、自分にもできるのだ」という自己効力感を持つことができます。自分についての否定的な固定観念に縛られないことが、頭の働きをよくしてくれます。このように、メタ認知を働かせてメンタルブロックを崩そうとする姿勢が必要です。

メンタルブロックは、どうやら癖になるようですから、「できない」という呪縛からは、できる限り早く逃れた方がよいでしょう。

興味・関心が学びの原動力になる

中学時代に、尊敬する国語の先生がいました。先生は、授業の内容以外にも、いろいろと為になることを教えてくださいました。ところが、一つだけ、「本当にそうだろうか？」と首を傾げることがありました。それは、

「勉強は、もともとつらいもの。泣きながら、歯を食いしばってでもするものです」

という言葉です。――それではまるで、勉強が罰のようだ。そんなにつらい思いをしてまで、勉強しなくてはいけないのだろうか。関心を持てる範囲で、楽しみながら勉強した方がいいのではないか。――先生の言葉を聞きながら私は、そんなことを考えていました。

当時、先生のお話が腑に落ちなかった理由が、その後数十年を経てようやくわかりました。それは、勉強がつらい、苦しいと感じると、学ぶことがストレスとなり、コルチゾールやアドレナリン、ノルアドレナリンなどのストレスホルモンが分泌されてしまい、記憶や思考といった認知活動を妨げるからなのです。

また、「つらい」「苦しい」と感じながらも強い意志力でこれを克服して何かを学ぶと、そ

の情報は「忘れてしまいたい」ものとなり、実際に、必要がなくなれば（たとえばテストが終わってしまうと）忘れやすくなるからです。「つらい」「苦しい」というのはネガティブな気持ちであり、ネガティブな気持ちと結びついた情報は、覚えていたくないものとなります。

最初から、「勉強は苦しい」「勉強は嫌だ」と自分に暗示をかけ続けると、本当に、何かを学ぶことを、罰を受けているようにつらく感じるようになります。そして、嫌なことを我慢してやっているととらえてしまうため、その反動として、たとえば入試が終わるや否や、「もう勉強は一切したくない」と思うのも無理からぬことです。こうして、学ぶことをやめてしまうと、たとえ年齢的に若くても、頭の働きは低下していきます。学ぶことによって頭はよくなるのに、学びをネガティブにとらえてしまうと、せっかくのその効果を台無しにしかねません。

ところが逆に、「学ぶことは楽しい」と思えたならば、事態は逆の方向に好転します。楽しいというポジティブな気持ちは、ドーパミンやオキシトシン、βエンドルフィンなどのホルモンを分泌させ、その結果、意欲が高まるだけでなく頭もよく働くようになります。もともと関心のある内容について自発的に学ぶ際には、放っておいても楽しい気持ちになり、時間を忘れて没頭することもあるため、学んだ成果が表れやすくなります。すると、「できた！」「嬉しい！」というさらなるポジティブ感情が湧き起こり、よりいっそう学ぶことに励むため、さらなる成果が表れ……という具合に、よい循環ができ上がります。

とは言え、現実には、あまり関心がないのに学ばなければならないこともあります。そんな時にはどうすればよいのでしょう？　それには、工夫を凝らして、学ぶ内容を「自分ごと」にしてしまうのが最も効果的です。私たちは、自分に関係のあることや自分が知る必要のあることは自分ごととしてとらえるため、関心を持って学ぶことができます。

このことを、高校の数学で学ぶ「命題論理」を例にとって考えてみましょう。命題論理の学習では「AならばBである」という基本命題が真である時、逆命題「BならばAである」や裏命題「AでなければBでない」、対偶命題「BでなければAでない」がそれぞれ真か偽かを判断できることが求められます。命題の逆・裏・対偶について学ぶ際には、従来、図12のように説明されることが多かったと思います。

こうした命題論理の話は抽象的であり、しかも私たちの日常生活からはかけ離れているように感じられるため、多くの高校生にとって、あまり楽しいものではなく、難しくて頭に入りにくい内容と受け取られがちです。実際、大人になってからも、こうした知識が保たれており必要な時にすぐ使えるかと言うと、実に心もとないようです。

図12 命題の逆・裏・対偶についての一般的な説明

文や数式で述べた事柄について、それが正しい（真）か正しくない（偽）かが定まる時、その事柄を命題と呼ぶ。たとえば、「$x=1$ ならば $x^2=1$ である」は命題である。「ならば」を「⇒」で表すことができる。

命題「$p \Rightarrow q$」に対して

$q \Rightarrow p$ を逆
$\overline{p} \Rightarrow \overline{q}$ を裏
$\overline{q} \Rightarrow \overline{p}$ を対偶

と言う。

＊ $\overline{p}$ は「p でない」を意味する

たとえば、「命題 $x=1 \Rightarrow x^2=1$」については次のようになる。

逆は	$x^2=1 \Rightarrow x=1$
裏は	$x \neq 1 \Rightarrow x^2 \neq 1$
対偶は	$x^2 \neq 1 \Rightarrow x \neq 1$

4つの命題 $p \Rightarrow q$、$q \Rightarrow p$、$\overline{p} \Rightarrow \overline{q}$、$\overline{q} \Rightarrow \overline{p}$ は互いに下の図の関係にある。ここで、基本となる命題「$p \Rightarrow q$」が真である時、常に真となるのは対偶「$\overline{q} \Rightarrow \overline{p}$」のみである。

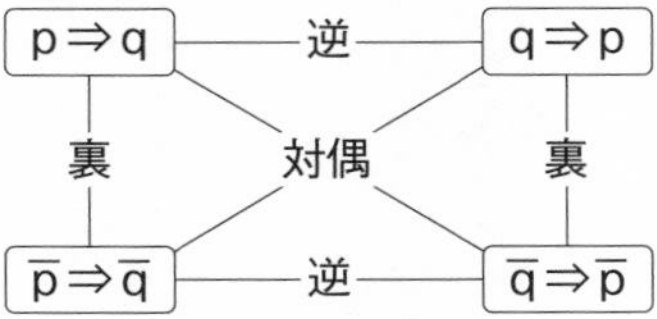

では、次のようなストーリー[14]に落とし込んでみるとどうでしょう。

カナリア学園の黄色いリボン

中高一貫の女子校カナリア学園ではつい最近、生徒たちの要望を聞き入れて制服を廃止しました。今ではみんな、思い思いの服装をしています。そのため、構内を一歩出ると、どこの生徒かわからなくなります。高等部一年生では、もうすぐウグイス山までの遠足があります。

〈職員室にて〉

「うーん、困った」

職員室で、引率の先生が頭を抱えています。

「列から離れて迷子になりかけている生徒を、どうやって他校の生徒から見分ければいいんだ……」

そこで教頭先生が名案を出します。

「だいじょうぶですよ、先生。遠足の日だけ、うちの生徒の髪に黄色いリボンをつけさせればいいんです。それで、カナリア学園の生徒だって、すぐわかりますよ」
この会話を聞いたウラシマ先生、論理的判断の教材に使えそうだと喜びます。

〈教室にて〉

ウラシマ先生が、教頭先生のアイデアを生徒たちに話したところ、黄色いリボンをつけて遠足に行くことに拒否反応を示す生徒たち。そこでウラシマ先生は、「いやだ！」と感情的に反応するのではなく、この問題を論理的に判断してみようと提案します（以下は、ウラシマ先生の授業からの抜粋です）。

ウラシマ先生：「AならばBである」。これを命題と言います。たとえば、「カナリア学園の生徒ならば黄色いリボンをつけている」。この命題が正しいならば、必ず正しいと判断できるのは、「BでなければAでない」だけなんだ。

つまり、「黄色いリボンをつけていなければカナリア学園の生徒ではない」。これを、元の命題に対して対偶命題と言います。

次に、「BならばAである」を考えてみよう。これは、「黄色いリボンをつけていればカナリア学園の生徒である」だよね。これを逆命題と言います。

さらに、「Aでなければ Bでない」。これは、「カナリア学園の生徒でなければ、黄色いリボンをつけていない」だよね。これを裏命題と言います。

僕たちは、逆命題や裏命題を常に正しいと錯覚してしまいがちなんだけど、これらは、必ずしも正しいとは言えない。たまたま他校の生徒が黄色いリボンをつけている場合が考えられるからね。次に要点を整理しておいたよ。

A：カナリア学園の生徒である
B：黄色いリボンをつけている
A→B（カナリア学園の生徒である→黄色いリボンをつけている）が正しいとすると

必ず言えること

Bでない→Aでない（黄色いリボンをつけていない→カナリア学園の生徒でない）

必ずしも言えないこと

B→A（黄色いリボンをつけている→カナリア学園の生徒である）

Aでない→Bでない（カナリア学園の生徒でない→黄色いリボンをつけていない）

教頭先生の「名案」によって問題が解決するかどうかは、図13の命題論理の構造を見ると、より理解しやすくなるでしょう。

教頭先生は、「黄色いリボンをつけているならばカナリア学園の生徒である」という逆命題を、常に正しいと勘違いしてしまったのですね（図14）。

以下は、ウラシマ先生と生徒たちのやりとりにおける、生徒たちのメタ認知的気づきです。

ウラシマ先生：いいかい。「～ならば～」という情報が与えられて、ここから言えることと、言えないことは何かを判断するためには、まず、「Aにあたるものは何か」「Bにあたるものは何か」を考えるんだ。「AならばBである」から言えることと言えないことをきちんと区別する。これが、論理的に考えることのスタートラインだよ。そして、判断を誤らないためにも重要なことなんだ。

生徒：なるほど、ただのAとかBとかのままだと、実感がわかないけど、こういう具体

図13 「カナリア学園の黄色いリボン問題」についての命題論理の構造

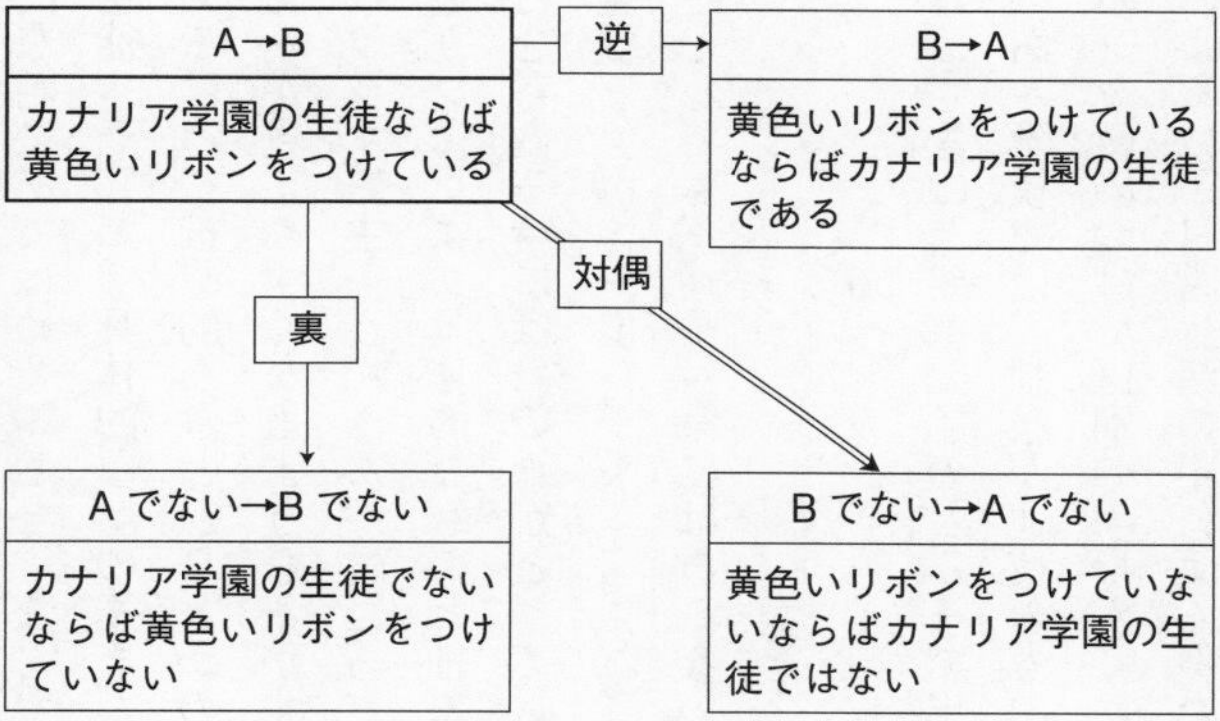

図14 教頭先生の勘違い

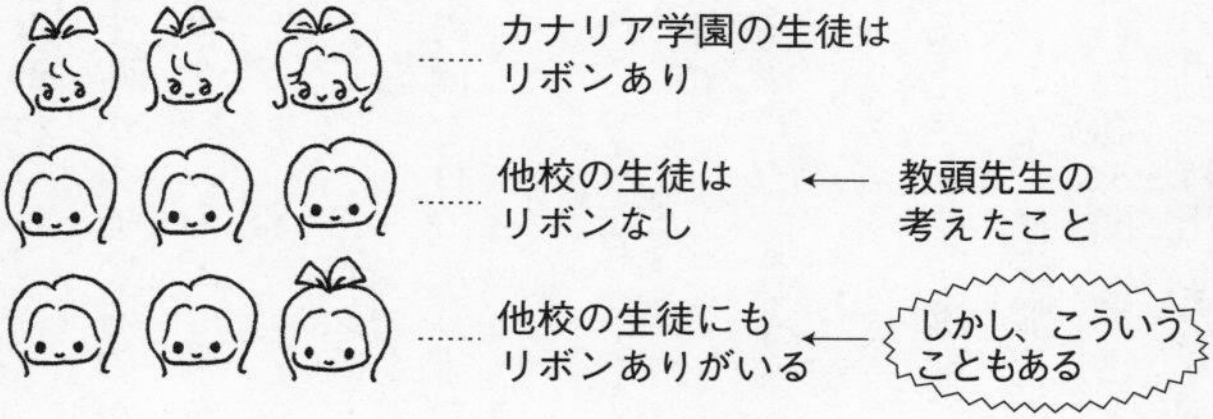

的な話にあてはめてみると、なんだか急に親しみがわくわ。

生徒：そして、具体的な話のままだと、どれがまちがっているのかわかりにくい場合があるけど、抽象的なAとかBとかの記号に置き換えてみると、構造っていうか、話の骨組みが見えやすくなるような気がする……。

ウラシマ先生：うんうん、君たち、なかなか今日はさえてるじゃないか。まったくその通りなんだよ。具体的なものと抽象的なものとの間を行ったり来たりすること。ものごとを考える時には、これがとっても役立つんだ。

生徒：ということは、さっきの教頭先生の話に戻ると、私たちが黄色いリボンをつけたとしても、迷子対策にはならないわけなんですね！

『考える心のしくみ　カナリア学園の物語』（三宮、2002）[14]より

これは、先ほど要塞問題のところで出てきた「文脈化」を命題論理に適用したものです。実際、ある学校では、制服が他校のものと紛らわしいので、修学旅行の際に生徒の肩に黄色いリボンを留めつけて区別の手掛かりにしているという話を聞いたことがあります。

このように、日常生活の中によく似た構造の問題を見つけ出したり、ストーリー性を持た

せたりすることで、抽象的な内容がぐっと身近に感じられ、関心を持って学べることが、けっこう多いものです。こうしたメタ認知的知識は、とりわけ教師のみなさんに活用していただきたい知識です。

他にも、効果的な方法があるかもしれませんし、人によって効果も若干異なるでしょう。しかし、ここで大切なのは、学ぶべきことを、どうすれば「自分ごと」の問題としてとらえ、関心を持って楽しく学べるかを考え、工夫を凝らすことです。自分にとってなじみのある具体的なエピソードと結びつけて学べば、負担を感じずに学びを深めることができるでしょう。

他者に教えることが確かな理解をもたらす

何かをきちんと理解していなくとも、私たちは、とかく「わかったつもり」になりがちです。つまり、実際にはよくわかっていないことがけっこう多いものです。自分の理解を確かめる機会がなければ、わかったつもりのままで終わってしまいます。ところが、自分が理解したと思っている内容を誰かに教えなければならなくなった時には、自分の理解のあやふやさに気づくことができます。

授業の中で生徒同士が互いに教え合う「相互教授」という方法がありますが、この方法は、教え合うことを通して理解を確かなものにすることに役立ちます[15]。実際、テキストを読んで学ぶ際には、理解した内容を他の人に説明する場合の方が、ひとりで学習するだけの場合よりも理解成績がよくなることが、実験によって明らかにされています[16]。この説明の効果を、自己説明効果と呼びます。さらに、相手にビデオを通して説明する場合と、相手の反応を見ながら対面で説明する場合とを比較すると、相手の反応を見ながら説明する場合の方が、説明者自身の理解を促進するという研究報告があります[17]。

こうしたことから、目の前にリアルな相手がいて、「わかった」「わからない」というフィードバックを言葉や表情で返してくれる状況の中で、その相手にわかるように説明しようと工夫することが、自分自身の理解を確実なものにしてくれると言えます。

人に教えることには、相手に対する社会的責任が伴います。そのため、もし相手が、よくわからないという顔をしていれば、わかってもらうために説明の仕方を変える必要がありま す。いい加減なことを教えるわけにはいかないので、真剣に考え、相手にとってわかりやすい例を探したり説明の順序を工夫したりすることになります。そうすることによって、自分自身の理解が確かなものになっていくのです。このように、人に教えることによって学ぶL

ＢＴ（Learning By Teaching）は、とても優れた学習方略だと言えるでしょう。

他者とアイデアを出し合うことが発想を活性化する

私たちは、他者との関わりの中で知的な刺激を受けます。そのため、常にひとりで考えるよりも、時折、他の人とのやりとりを組み込むことで、頭の働きを活性化することができます。

他者とともにアイデアを出し合う発想法としてよく知られるものに、「ブレインストーミング法」があります。ブレインストーミング法は通常、グループで行うものですが、次の四つのルールを守らなければなりません[18]。

①できるだけ多くのアイデアを出す
②自由奔放な考えを尊重する
③出されたアイデアを批判しない
④アイデア同士を結合し改善する

ブレインストーミングを行う際には、社会的地位がほぼ横並びになるようなメンバー構成がよいとされています。もしも地位の高い人がグループに交じっていると、それ以外の人は遠慮して、自由に発言しにくくなるからです。これに加えて、ブレインストーミングが効果的に行われるためには、安心してものが言える雰囲気が必要です。「こんなことを言って大丈夫だろうか、変な人だと思われないだろうか」といった不安が少しでもあると、創造的なアイデアはなかなか出せなくなります。まずは、本当に何を言っても大丈夫だ、受け入れてもらえるという安心感を持てることが大切です。メタ認知を働かせてこうした条件を満たす時、ブレインストーミング法は、非常に効果的なアイデア産出法となります。

ところで、とかくグループで話し合いをする場合には、自分の順番が回ってきた時に、つい、一度にまとめてあれもこれも言ってしまうということはないでしょうか。会議などでよく見かけるのは、全員が平等に発言できるようにとの議長の配慮から、席の並びなどで発話の順番を決めて、その順に意見を言っていくという方法です。実は、このようにまとめて多くのことを一度に話すというスタイルは、グループで互いに刺激し合いながらアイデアを出すという目的には、あまり向いていません。

以前、教師教育の演習の中で、各メンバーが自分のアイデアをまとめて話す場合と、交替しながら少しずつ話す場合とで、アイデアの出方を比較したことがあります。[19] 三人ずつのグループを作り、学生がもっと熱心に勉強するよう仕向けるにはどうすればよいかを、教師の視点に立って考えアイデアを出すという課題のもとで、学生たちに話し合ってもらいました。すると、一人ひとりが自分の考えをまとめて一度に話しているグループよりも、頻繁に発話交替を行っているグループの方が、グループ全体として、解決につながる多くのアイデアを産出する傾向がありました。

話し合いの中では、他のメンバーのアイデアに触発されて、自分も新しいアイデアを思いつくという効果があります。また、他者のアイデアをさらに改善したり、自分の考えと融合させたりすることもあるでしょう。発話交替を小まめに行っていると、こうした効果が出やすくなります。一方、一人ひとりがたくさんの内容を一度に話すと、そうした相互作用が生じにくくなるのでしょう。

せっかくグループで話し合うのであれば、各人が延々と話すのではなく、どんどん交替して話すことによって、参加者それぞれの発想が刺激され、活性化すると考えられます。

他者からのあいづちとうなずきが発想を促す

ブレインストーミング法をはじめとするさまざまな発想促進法の中でも、とりわけ手軽でシンプルな方法として、聞き手に、うなずきながら熱心にあいづちを打ってもらうという方法があります。

ある臨床心理学の研究で、セラピストがクライアントの話を聞く時に、頻繁に「うんうん」とあいづちを打ったりうなずいたりすることによって、クライアントがたくさんのことを話してくれるようになることが報告されていました[20]。聞き手のあいづちには、このように発話つまり話すことを促進する効果があります。ちなみに、あいづちを打つ際に、うなずかずにあいづちだけを打つと、かなり不自然です。一度やってみるとわかるのですが、頭部を動かさないように固定して「うんうん」と言ってみるとどうでしょう。なんだか言いにくくて違和感を覚えませんか。そのため、あいづちを打つ時には、うなずきとセットにした方がよさそうです。

さて、実は、あいづちの効果は発話の促進だけではないのです。発話の促進に加えて、あいづちには、発想を促進する効果があるのです。私たちの一連の「あいづち実験シリーズ」では、このことが明らかになりました。

実験では、「日本社会の高齢化がさらに進むと、どんなことが起こるか」「日本のごみ問題を解決するには、どうすればよいか」といった発想課題に対して、実験参加者にアイデアを出してもらいました。その際、実験者が、「うんうん」といったあいづちを頻繁に打つと、打たなかった場合に比べて、発想量つまりアイデア産出量が大幅に増えたのです[21]。

また、別の実験で実験参加者に主観評価を求めると、聞き手にあいづちを打ってもらうことにより、話し手は、「自分の考えに関心を持ってくれている」「自分の考えに同意してくれている」「自分の考えをほめてくれている」と感じ、考える意欲が湧くことがわかりました。この結果から、アイデアを引き出すためには、聞き手の態度がとても重要な役割を果たすと言えます[22]。

そして、発想課題の種類に着目すると、「どうすればよいか」を考える解決課題よりも、「どんなことが起こるか」を考える予想課題の方が、あいづちの効果が顕著に現れました。なぜ、このような違いが生じたのでしょうか。予想課題では自由にアイデアを出せばよいのですが、解決課題では、「解決に結びつくアイデアを出す」という条件でアイデアをチェックすることが必要になります。いわば、条件つきの発想課題となります。したがって、あいづちによる発想促進効果は、チェックをかける前の、純粋にアイデアを生成するプロセスに対して働くのではないかと考えられます。

ところで、この結果に対して、「あいづちが発想を促進したというより、あいづちをあまり打ってもらえないことが発想を抑制したのではないか」と考えることもできるでしょう。そこで、補足実験として、発想のベースラインを調べることにしました。つまり、アイデアを実験者に向かって話す代わりに、自由に書き出してもらう方法を取りました。時間制限は話す場合と揃えました。すると、その際の発想量は、あいづちをあまり打たない場合とほぼ同じになりました。このことから、あいづちを打たないことが発想を抑制したのではなく、あいづちを打つことが発想を促進したのだと解釈できます。

なお、どんなあいづちでも頻繁に打てばよいのかというと、そうではありません。あいづちの種類についての配慮も必要です。あいづちの種類について調べてみると、「うんうん」「そうそう」「それいい」といった肯定的なあいづちは、予想課題において発想を促進してくれるのですが、「うーん」「ふーん」「はーん」などの肯定的とは言い難いあいづちには、そのような効果はありませんでした。こうした肯定的とは言えないあいづちを打たれると、

「私の話に関心がないのだ」「私の考えに賛成ではないのだ」と考えてしまい、考える意欲も高まらず、発想促進効果も望めないようです[23]。

このように、聞き手に協力を求めて、効果的なあいづちを意識的に打ってもらうことによって、発想を豊かにすることができます。ただあいづちを打つだけという、これほど手軽な発想支援法を使わない手はないでしょう。

多様な考えに触れることを繰り返すと思考が柔軟になる

ブレインストーミングによって、発想が活性化することは先に述べましたが、グループで行うブレインストーミングでは、グループ全体の発想が豊かになったとしても、個人の発想量の伸びをきちんと把握することはできません。また、他の人がどんなアイデアを思いついたのかを知ることは大切ですが、先に人の考えを聞いてしまうと、どうしてもそれに影響されてしまい、自分で徹底的に考えることをしにくくなる可能性もあります。したがって、自分の発想力そのものを高めるためのトレーニングは、やはり個別に行う必要があります。

そこで私たちは、他者の考えに触れる機会を確保しつつ、個人の発想力を高めるトレーニング法を開発しました[24]。まず自分で、これ以上は無理というくらいまで考えた後、「他の人は、こんなことを考えましたよ」と、他者の考えをいろいろと呈示する方法です。ここでは、出来事の原因を柔軟に推理するという課題を用いました。原因推理を問題としたのは、日常の問題解決に役立つからです。

私たちが何か問題に直面し、それを解決しようとする時、まずは、なぜそうした問題が起こったのかという原因をさまざまな面から柔軟に考えてみる必要があります。たとえば、「いつもと同じようにカレーを作ったのに、今日はおいしくない。なぜだろう?」といった場合に、その原因を「きっと、カレー粉が足りないせいだ」と決めつけたなら、カレー粉をどんどん追加して、いっそうまずくなってしまうかもしれません。もっと他の原因も考えてみるべきでしょう。たとえば、具材が古かったのかもしれない、鍋を替えたからかもしれない、しばらくカレー料理が続いて飽きてしまったからかもしれない、など。

原因を一つしか考えつかなければ、それ以上どうしようもないのですが、他にもいくつか考えつくことができれば、いろいろな対策を講じてみることができます。他にも、たとえば「サボっているわけではないのに、なぜか成果が上がらない」「規則正しい生活をしているのに、なぜか体調が優れない」といった場合にも、柔軟な原因推理が必要になります。

さて、私たちが行ったのは、問題を次々と変えながら、「まず自分で限界まで考えてみる↓他者の考えに触れる↓自分の考えを見直す」ということを繰り返すトレーニングです。まず、実験参加者に対して先ほどのカレー問題のような原因推理問題を出して、できるだけたくさんの原因を各自で考えて書いてもらいます。その後、「他の人はこんな原因を考えました」として、用意した推理例を一〇例見せました。参加者はすでに自分の考えを書き終えており、他の人の考えをまねることはできませんが、自分の解答と見比べ、「ああ、そんな考えもあったのだな」と気づくわけです。

毎回問題を変え、いろいろな問題に対して「自分で考えた後、他者のさまざまな考えを知る」ということを繰り返す発想トレーニングを一二回にわたって行いました。これは多面的な原因推理力を伸ばす上で、大変効果がありました。発想量すなわちアイデア数が増えただけでなく、質の高いアイデアが出せるようになっていたのです。

この結果から、思考を柔軟にするためには、やはり自分以外の考えに触れることが役立つということがわかります。必ずしも実際に、他者が目の前にいなくてもいいのです。「他者との疑似的な交流」によって多様な考えに触れることで、多面的で柔軟な思考力を身につけることができます。ただし、多様な考えに触れるのは、自分で徹底的に考え尽くした後にした方がよいでしょう。

「まず自分で考えてから、他者の考えに触れる」というこのトレーニングの基本手続きを、後に「ＩＰＥ（Idea Post-Exposure）パラダイム」と名づけました。ＩＰＥとは、（他者の）考えに事後的に触れるという意味です。ＩＰＥパラダイムについては、第5章で詳しく取り上げます。

討論が思考を複眼的にする

人それぞれの価値観や立場の違いによって、ものごとのとらえ方はかなり異なるものです。したがって、論理的に意見を組み立てようとする場合にも、考えの道筋は一通りではありません。このことをふまえて、説得力のある意見を述べようと思えば、まずは多様なものの見方・考え方を知ることが必要です。とは言っても、とかく私たちは、自分の考えを支持する情報にばかり目が向き、その逆の情報には気づきにくいものです。その結果、ついつい他の人も自分と同じような考えだろうと思ってしまいがちです。このような誤りを、マイサイドバイアスと呼びます。[25]

特に、ネット上で目に触れる情報は偏りがちであり、自分の考えに近い人の意見に接することが多くなるでしょう。そうなると、マイサイドバイアスは、いっそう強まり、視野が狭くなります。マイサイドバイアスからの脱却は、容易ではありません。

そこで、討論において、自分とは異なる考えを持つ人の意見に耳を傾けることが役立ちます。主張が真っ向から対立する人には、一度その主張の根拠を聞いてみると、「なるほど」と納得できる部分があるかもしれません。また、ある事柄について「賛成」や「反対」といった主張は同じでも、主張の根拠が異なる場合があります。意見というものが、さまざまな根拠によって組み立てられているということを知るのは大切です。

討論は、まさにこうした貴重な機会を提供してくれるものです。また、討論の際には、「討論によって、自分の考え方を複眼的にする」というメタ認知的な目的を意識しながら臨むと、より効果的です。こうした意識を持って、積極的に他者の意見に耳を傾ける姿勢で討論に臨めば、マイサイドバイアスから脱却することができ、複眼的な思考ができるようになるはずです。

他者との協働の注意ポイント

他者とのやりとりや協働によって頭の働きをよくする話を紹介してきましたが、言うまでもなく、他者と協働さえすれば頭の働きがよくなるというわけではありません。効果的な協働のためには、いくつかの注意ポイントがあります。

第一に、社会的手抜きに注意が必要です。社会的手抜きとは、多数のメンバーでグループワークを行う際に、一人ひとりが十分に力を発揮しなくなることです。社会的怠惰とも呼びます。これは、他のメンバーががんばってくれるから、自分は全力を出さなくても大丈夫という安心感、気のゆるみによって生じるものです。もともと、ビブ・ラタネらの実験により、大きな拍手や大声での発声を他者とともに行う場合には、人数が増えるにつれて一人当たりのパワーが低下することが明らかにされていました[26]。こうした現象は、拍手や発声といった身体活動に限らず、認知的な活動においても生じると考えられます。このような怠惰な状態になってしまうと、各人の思考力が十分に発揮されなくなります。

第二に、集団浅慮に陥りやすいという点に注意が必要です。集団浅慮とは、集団で判断・

意思決定を行うと、個人で行う場合よりも「浅はか」な決定になってしまうことがあるという意味です。とかく集団では、考えが極端に走りやすく、大胆で危険な判断になるか、逆に、過度に慎重な判断になるかという、集団の極化現象が生じやすいものです。[27] 何かを協働で決める場合には、集団浅慮に陥らないよう、十分慎重になることが必要です。

第三に、同調圧力に注意が必要です。協働で意見を出し合う場合には、多数派の意見に無言の圧力を感じて、つい同調しがちになります。こうした同調圧力は、個人のものの見方・考え方を歪めてしまう原因となります。同調圧力を防ぐためには、協働に際して多様な意見を出しやすい雰囲気を作ることが大切です。

このように、協働の問題点を見ていくと、私たちの思考が集団の影響を強く受けてしまいがちであることがわかります。そこで協働の場を有意義に活用して自分の思考の幅を広げたいという場合には、個人思考と協働思考をうまく使い分けることが大切です。いつもグループで考えるばかりだと、自分が自力で考えているのか、それともグループに流されているのかがわからなくなります。メタ認知を働かせて、個人思考と協働思考をバランスよく使い分けたいものです。

環境を味方につける

私たちは、たとえ学習に不向きな環境であっても、慣れてしまえば、認知活動への負の影響をあまり感じなくなります。たとえば、いつも騒がしい場所で勉強していると、それが当たり前になってしまい、騒がしさゆえに頭の働きが妨げられていることに気づきにくくなります。このように、主観的には環境の負の影響を感じなくとも、実際には認知活動への妨害効果が生じている場合が多々あります。

ある研究では、ニュースの内容を覚えておいて後で問題に答えるというテストの成績が、空調音や会話音といった騒音によって下がることが示されました。しかも、同じ騒音であっても、人が会話をしている音声の方が単純な空調音よりも妨げになりやすく、よりいっそうテスト成績が下がることがわかりました[28]。

さらに、学習に及ぼす空気環境や温度・湿度などの環境の影響を調べた研究もあります。建築分野の授業での学習において、学習者の主観評価（空気環境が授業の理解度を低下させるかなど）と理解テストによる客観評価から、空気の汚れやよどみ、におい、ほこりっぽさといった空気環境の悪さ、そして不快な温度・湿度などが、主観評価にも客観評価にも悪影響を及ぼすことがわかりました[29]。

温度や湿度と言えば、蒸し暑い日本の夏は、空調を使わない限り、頭がよく働かないことを多くの人が経験しているのではないでしょうか。暑さで体温が上昇すると、体内の熱を外に逃がすために皮膚の血管が拡張し、汗をかきます。すると、血液の水分量が減り、血圧が下がって脳に送り込む血液量が減少してしまいます。その結果、頭がぼんやりして働きが悪くなるのです。こうした場合、我慢は禁物です。根性を頼みとして無理やり認知作業を続けても、成果は望めないでしょう。

さらにまた、頭の働きに対するにおいの影響を調べた研究があります。連想を働かせる課題において三つのにおいの効果を調べたところ、好ましいとされるアーモンドのにおいを嗅ぐ条件の成績が最もよく、次に水のにおい（無臭）、酢酸のにおい（不快臭とされる）の順になっていました[30]。

こうした結果から、騒音、温度、湿度、においなどの物理的・化学的環境が頭の働きを左右することがわかります。物理的・化学的な環境要因が望ましいものでない時には、頭の働きが阻害されることが多いのです。私たちの身の回りには、こうしたネガティブな環境要因が、決して少なくありません。しかし、できる限り環境を改善することで、頭の働きをよくすることができます。

なお、環境には、ここまで述べてきたような、外部からもたらされる環境に加えて、自分で作り出すものもあります。たとえば、机の上の環境です。机の上が散らかっていると、作業効率は悪くなります。認知的な作業ではありませんが、作業効率を調べた次のような実験があります。テーブルの上や周辺に雑多なものが置いてある条件（散らかっている）と、必要なもののみが置いてある条件（すっきり片づいている）とで、「①クリームと砂糖を入れたコーヒー、②クリームだけを入れたコーヒー、をそれぞれ一杯ずつ作る」という作業の中で生じるよどみを調べました。作業の中で生じるよどみとは、途中で作業をまちがえそうになり、慌てて軌道修正するといったことを指しています。二つの条件を比べた結果、雑多なものが置いてある散らかったテーブルで作業を行った条件で、作業のよどみが多く発生していました[31]。

このことから、やはり作業環境は、すっきりと片づけておいた方がよいことがわかります。頭を使う作業についても、同様のことが言えるでしょうから、余計なものは片づけるに越したことはなさそうです。

これに加えて、考えなければならないこと、覚えておくべきことを頭の外に出してしまうということも、環境の活用と見なせるでしょう。しなければならないことを覚えておくという記憶を「展望記憶」と呼びますが、多忙で、すべきことがたくさんある時には、そのうちの一つ二つをついうっかり忘れてしまいがちです。頭の中の展望記憶だけでは忘れてしまいやすいため、その内容を頭の外に出すこと、つまり外化（見える化）が大切です。メモなどの外部環境を活用し、ワーキングメモリにかける負荷を少しでも軽減することによって、限りあるワーキングメモリを無駄遣いせず、有効活用することができます。すべきことをリスト化したものは、Ｔｏ－Ｄｏリストと呼ばれますが、このそれぞれの項目に所要時間の見込みを書き加えることによって、優先順位を考慮した無理のない計画が立てられ、時間を有効に使えるでしょう。私たちの毎日の限られた時間も、貴重なリソースです。時間をうまくマネジメントすることは、認知資源の活用につながります。

実は、時間管理ができていることと大学の成績との間には、高い相関が見出されています。[32]つまり、時間管理がきちんとできている学生は、学業成績も高いということです。たとえ潜在的な能力が高くても、時間管理がうまくできていなければ、レポートの提出期限に間に合わなかったり、準備不足の状態でテストを受けなければならなかったりするため、十分な成果をあげることはできないでしょう。頭を上手に使って成果をあげるためには、外部環境を利用して時間というリソースをうまく活用していくことが必要です。

頭の働きは、私たちが考える以上に、環境からの影響を強く受けています。「なんだか頭がうまく働いていないな」と感じた時には、一度環境に目を向けてみると解決への糸口が見つけられるかもしれません。環境を改善することで認知活動が改善される、というメタ認知的知識を心に留めておくことは役立ちます。

頭の状態をモニターする習慣と豊富なメタ認知的知識の獲得

頭を上手に使うためには、まずは頭の中の状態に対して敏感になることが必要です。たとえば、現在の頭の働き具合について、三段階程度（よい、普通、悪いなど）の自己評価を行ってもよいでしょうし、もう少し具体的にしようと思えば、「今、頭の中はすっきりしているか」「頭の中にぼんやりと霧がかかったような状態になっていないか」といった問いかけを自分自身に行ってみてもよいでしょう。これは、自らの認知活動についての、もっとも基本的なメタ認知的モニタリングであるとも言えます。

とりわけ、「難しい内容を学ぶ」「試験勉強をする」「重要な文書を作成する」といったように、頭を十分に働かせたい時には、頭の状態をよくしておく必要があります。その際、頭の働き具合についての自己評価の結果が思わしくなければ、「コーヒーを飲んでみよう」「少し体を動かしてみよう」といったメタ認知的コントロールを働かせて、実際に行動に移してみるとよいでしょう。あるいは、目の覚めるような音楽を聴くのもよいでしょう。脳の血流をよくすることで頭がすっきりしますから、シャワーを浴びる、顔を洗う、歯を磨くといったことも効果的です。コーヒーや緑茶などのカフェインを適度にとることは効果的ですが、過剰にカフェインを摂取すると、長い目で見た場合には有害であるため、適量を心がけることも必要です。

体を動かしたり頭部への刺激を与えたりしても、睡眠不足が続いている場合には効果が望めないので、無理をせずに眠った方がよいでしょう。また、空腹のために血糖値が下がってしまっていることが頭の働きを低下させているのであれば、とりあえず何かを食べるとよいでしょう。体調不良や心配ごとなど、頭が働くことを妨げる原因は他にもありますが、これらも対策を講じる必要があります。

ただし、現実には、不調を抱えながらも、何らかの認知作業を行わなければならない場合もあるでしょう。そうした場合には、不調時にはなるべく頭に負荷のかからない作業に従事しておき、高度な思考を要求する作業は、状況がよくなってからにした方がよさそうです。深夜の疲れ果てた状態の中で、半分ウトウトしながら大切なメールを書くといった行為は危険です。

一方、これまで述べてきたように、温度や湿度が不適切であったり、騒音や雑然とした光景が目に入るなどのノイズがあったりする場合には、こうした外的な環境要因を、可能な限り適切な状態に改善する必要があります。

肝心なことは、頭の働きに注意を向け、体の内部の状態や外部環境をできる限り最適化しておくことです。そうすることによって、自分の頭の働きの最高の状態、言い換えれば、脳のベストコンディションを把握することができ、この状態を目指せばよいということが、はっきりとわかります。そして、頭がうまく働いていない原因を探り、原因と考えられるものを一つずつ取り除いていくことが大切です。これらを習慣化すれば、頭の働きがよい状態を長く保つことができます。どんなに優れた頭脳を持っていたとしても、さまざまな要因によって頭の働き（脳の機能）が低下している時間が長ければ、頭がよいとは言い難くなります。一日のうち、頭がうまく働いてくれる時間を長く保てることが大切なのです。

頭を上手に使うことは、頭の状態をモニターすることから始まります。まずは、自分の頭の状態をモニターする習慣を身につけることが役立ちます。

また、頭を上手に使うためには、頭の働きについての知識であるメタ認知的知識が、決定的に重要な役割を果たします。メタ認知的知識については第1章でも解説し、本章でも少し紹介しましたが、自らの認知活動をモニターすることによってもメタ認知的知識が得られます。「空調で高温多湿状態を解消すると、頭がクリアになる」「机の上を片づけただけで、作業効率が上がる」といった知識は、メタ認知的モニタリングを通して獲得することができます。自らの認知的パフォーマンスを注意深く観察するだけでも、頭の働きをよくするためにはどうすればよいかが、いろいろとわかってくるでしょう。

しかしながら、自己観察だけでは限界があります。自分の経験だけからは、気づきにくいことも多いものです。そこで、多くの人に当てはまる、一般的なメタ認知的知識をなるべく豊富に獲得することが役立ちます。その上で、それらの知識を使ってみて、自分に合うものを選んだり、あるいは、自分に合うようにアレンジしてみたりするとよいでしょう。

メタ認知的知識は、記憶や理解、思考などについての個々の認知心理学の研究から得ることができます。拙著『メタ認知で〈学ぶ力〉を高める　認知心理学が解き明かす効果的学習法』にも、まとめて紹介していますので、ご興味のある方は参考になさってください。

本章のまとめ

- 睡眠や就寝前の時間の活用、ほどよい緊張感が頭の働きをよくする
- 内容を理解し納得すること、文脈化と脱文脈化、楽しむことが学びに役立つ
- 他者との交流が記憶・理解・思考の力を高める
- 環境の最適化が頭の働きの最適化につながる
- 頭の状態をモニターする習慣と豊富なメタ認知的知識の獲得で頭を上手に使える

次章では、気持ちを整え、やる気を出すためにメタ認知をどう使えばよいかについて見ていくことにします。

第4章　メタ認知で気持ちを整え、やる気を出す

感情の乱れが頭の働きを邪魔する

頭を働かせるためには、気持ちが前向きで安定していることが大切です。気持ちが乱れていると、集中力が落ちたりなどして、覚えたり考えたりすることに専念できません。

とは言え、生きていれば、いろいろな出来事に遭遇するため、常に安らかな気持ちでいることは難しいでしょう。とりわけ青年期には、不安や落ち込みなど、感情の乱れが生じることが多いものです。私も例外ではありませんでした。

高校二年生ともなると、将来を考え始めます。成績も今ひとつで将来への大きな不安があった私は、世の中に自分にも務まる仕事があるのだろうか、その前に、そもそも大学に入れ

るのだろうかなどと、さまざまなことを考えて時間を無駄にし、授業にも身が入りませんでした。さらには、進路相談会なども始まり、将来がますます不安になっていきます。気持ちは、常にざわついていました。

感情が乱れると、頭の働きもにぶりがちです。感情という非認知的な要因は、頭を使うという認知的な活動にどのように影響するのでしょうか。実は、感情の乱れにより、認知的な作業に対して次の二つの悪影響が生じます。

第一に、認知資源の減少が起こります。一般に、資源というものは有限ですが、認知資源も、もちろん例外ではありません。気持ちが落ち込んでいたり、心配なことがあったりすると、ついついそれらのことを考えてしまい、認知資源がそちらに消費されて減少します。すると、注意が散漫になり、記憶、理解、思考といった認知活動に十分な資源を投入することができなくなります。

第二に、認知の偏りが生じます。ネガティブな気持ちの時には、ネガティブな情報にばかり注意が向いてしまい、肝心な情報には注意が向きにくくなります。こうした注意の偏りに加えて、考え方にも偏りが生じやすくなります。つまり、判断が一面的になったり、思考の柔軟性が低下したりしてしまうのです。一度「こうだ」と思い込んだら、もはや他の考え方に気づきにくくなります。

さらに困ったことには、感情の乱れが認知にこうした悪影響を及ぼしているということに、気づかない場合が多いのです。認知資源そのものが目減りしてメタ認知が働きにくくなっているため、自分の認知活動のパフォーマンスの低下を感知できなくなってしまうのです。

感情の乱れはなぜ起こるのか

そもそも感情の乱れはどこから来るのでしょうか。「それはもちろん、心配ごとがあったり、不快な出来事が起こったことから来るのでしょう」という声が聞こえてきそうですが、実はそうとも言えないのです。感情は、直面する現実そのものによって直接引き起こされるのではなく、その現実をどうとらえるかという、とらえ方によって生じるのです。この考え方は、心理療法の一つである認知行動療法の基礎ともなっています。

そもそも将来への不安などは、まだ何も起こっていないうちからネガティブな出来事を予想してしまうために生じるものです。もちろん、こうした不安は、一概によくないとは言えません。なぜなら、不安があるからこそ、望ましくない結果にならないように、いろいろと手を打とうと考えるからです。適度な不安を抱きながら、事前に対策を練るのは、むしろよいことであり、大切なことだと言えます。将来に不安を覚えるのであれば、今できることは何かと考え、準備に励むことは役に立つでしょう。

問題となるのは、適度ではない「度を越した不安」です。不安の程度がある一定レベルを超えると、極端な場合には、思い惑うばかりで何も手につかなくなってしまいます。こうなると、適切な判断ができなくなり、ますます不安だけが膨らんでいきます。

不安が度を越してしまう前に、ぜひメタ認知を働かせ、不安に向かっている気持ちの軌道修正を行い、「不安を軽減するために、今、何ができるかを考えよう」というふうに向きを変えてみるとよいでしょう。「将来起こり得ること」は、今から変えることができるのです。

ひとりで考えの軌道修正をすることが難しければ、誰かに聞いてもらうのも一つの方法です。その際には、「そんな心配をするなんて、バカバカしい」などと否定的な決めつけをせずに、あなたの不安に耳を傾けてくれる相手を選ぶことが大切です。

一方、すでに起こってしまった出来事についても、とらえ方は一通りではありません。たとえば、一生懸命に書いたレポートに、教師からかなり辛口のコメントを出されたという時にも、「先生は私のレポートがまったくダメだと言いたいのだ。私にはまともなレポートを書く力がないと見限ったのだ」ととらえた場合と、「先生は私に大きな期待を寄せているのだ。もっとよいレポートを書けるはずだと思っているのだ」ととらえた場合とでは、湧き起こる感情がまったく違ってきます。前者のとらえ方をすれば、気持ちが落ち込み、自信をなくしてしまうかもしれません。一方、後者のとらえ方をしたならば、落ち込まずに済むだけでなく、がんばろうという、やる気が湧いてくるでしょう。

このように、ある出来事をポジティブにとらえるかネガティブにとらえるかによって、感情は大きく変わります。そして、ネガティブな感情は悪循環を呼ぶことが多いのです。たとえば、教師が自分を見限ったと受け取ると、自分に対する教師の発言や態度が、すべて自分を見限ったように感じられ、ますます自信を失い、つらくなってしまうでしょう。それに伴って、教師に対する感情もネガティブなものとなり、そのことが原因となって、人間関係も悪化するかもしれません。

このように、他者とのやりとりの中で、相手の言葉をネガティブに解釈してしまい、気持ちが乱れることは、決して少なくありません。他者との関係の中で生じる悩みは、あらゆる年齢において、深刻なものとなりがちです。

人間関係の悩み

私たちが憂鬱な気持ちになる原因は、多くの場合、私たちを取り巻く人間関係ではないでしょうか。青年期前期にさしかかる頃から、他者との人間関係がうまくいかないことに悩みを抱え始めます。

子どもたちの不登校の原因を調べた研究があります。一三三二四名を対象とした調査からは、学校に行かなくなった理由として最も多いものは学校の友人関係（五四・三パーセント）であり、その次が教師との関係（一九・七パーセント）であることがわかりました。この二つだけで全体の七四パーセントを占めていることになります[1]。この調査は小中学生を対象としたものであり、青年期前期あるいはその少し前の年齢段階を含んでいますが、このように、ごく早い時期から、人間関係の悩みは、私たちの心に影を落としていると言えるでしょう。

また、別の研究では、大学生二八五名に対して、人間関係の悩みがあるか否かを尋ね、あると答えた一八二名の自由記述を分析しました。その結果、悩みが生じる人間関係の種類としては、友人関係、恋愛関係、家族関係、先輩後輩関係、アルバイト先の人間関係など、実にさまざまな相手との人間関係において悩みが生じていることがわかったのです[2]。具体的な悩みの内容としては、自分の性格、対人スキル不足・コミュニケーションスキル不足が上位二位までを占めていました。前者の自分の性格については、たとえば、「人見知りをしてしまう」「人が自分のことをどう思っているのかが非常に気になり心配」などが含まれており、後者の対人スキル不足・コミュニケーションスキル不足については、「人にどのように接してよいかわからない」「相手との会話で沈黙が続くことが多く、何とか会話を続けたいが話のネタがない」「会話をうまく進めるのが苦手」といったものが含まれていました。

このように、小学校の高学年くらいから人間関係の悩みが増え始め、成長とともに悩みの様相は複雑化していくようです。人間関係を最も大きく左右するものは、コミュニケーションのとり方であり、コミュニケーションがうまくとれなければ、相手との関係の悪化を招いてしまいます。

以前、私は、コミュニケーションに関わる問題意識について調べたことがあるのですが、大学生は、「自分の意見を述べたり説明したりすることがうまくできない」「自分の気持ちを伝えることがうまくできない」といった問題を報告していました[3]。自分の考えや気持ちが相手にうまく伝わらなければ、誤解されてしまい、会話もギクシャクしたものになりがちです。

こうした問題の背景には、そもそも彼らのコミュニケーション経験が乏しい可能性があります。特に最近では、限られた小さな集団の中でばかりコミュニケーションをとる傾向や、立場・考えの異なる相手とのコミュニケーションの機会が減少しているといった事情があるのかもしれません。そのために、意思の疎通がうまくいかず、ひいては人間関係の悪化に悩むことにもなりかねません。

人間関係が私たちの「重大事」となる進化論的背景

そもそも、私たちにとって、人間関係がこれほどまでに「重大事」になるのは、いったいなぜでしょうか。それは、私たち人間が社会的動物であり、他者との関わりの中で生きる存在だからです。他者と良好な関係を保ち協力し合うことが社会に適応することであり、社会適応すなわち社会集団の中で適応的に生活することができなければ、不利益を被ることがあるからです。

これは、人間だけに限ったことではなく、他の霊長類にも当てはまります。二〇世紀最後の一〇年間に、脳科学における「社会脳」の研究が飛躍的に進んだお陰で、他者との関わりを支える脳の機能が解明されていきました。社会脳という言葉は、アメリカの生理学者であるレスリー・ブラザーズが、自身の論文の中で用いたものです。ブラザーズは、サルの脳研究の知見から、扁桃体《へんとうたい》や、前頭葉眼窩部、および側頭皮質が、他のサルの顔を識別したり表情から感情を読み取ったりするなど、社会の中で他者と協調していくための社会的認知を司っていると考えました。[4]

以前から、イギリスでは心理学者のニコラス・ハンフリーが自身の論文の中で、大型霊長類の知能が、自分の属する社会に適応するために進化してきたと論じていました。[5]これに実証的な裏づけを与えたのは、イギリスの進化人類学者のロビン・ダンバーです。ダンバーは、ある個体の属する集団の規模が大きいほど、脳全体に占める大脳新皮質の割合が大きくなることを見出しました。この発見から、霊長類の大脳新皮質は、ハンフリーが言った通り、集団の中で適応的に生活するために進化したと考えることができます。彼は、この考えを「社会脳仮説」と呼びました。[6]社会脳は、他者の心を読んだり、それによって他者と協力したり、また、時には他者を欺いたりといった、まさに社会で生き残るための社会適応的な思考を司るものです。

このような進化論的背景から、私たちは他者との人間関係に強い関心を持ち、また、それゆえに、人間関係がうまくいかなかった場合には、平静ではいられなくなるのです。

メタ認知で感情を整える

ネガティブな感情に左右されて認知活動のパフォーマンスが下がってしまい、そのことで、さらに気持ちがネガティブになるというネガティブ・ループに陥ることは、ぜひ避けたいものです。ここで、「認知が感情を生む」というメタ認知的知識が役に立ちます。認知が感情を生むというのは、出来事をどう解釈するかによって、湧き起こる感情が左右されるという意味です。このメタ認知的知識をふまえた上で、自分のネガティブな感情状態（不安、抑うつ、怒りなど）を冷静に見極めることが必要です。この段階で、すでにメタ認知的モニタリングを行っていることになります。そして、さらにメタ認知的モニタリングを働かせて、自分のネガティブな感情をもたらした解釈を見極めます。

先ほどのレポートの例で言えば、「先生は私のレポートがまったくダメだと言いたいのだ。私にはまともなレポートを書く力がないと見限ったのだ」というのは、事実というよりも解釈なのです。こうしてネガティブな感情のもとになる解釈を探り当てたならば、今度はメタ認知的コントロールを発動し、ネガティブな感情をもたらす解釈を別の解釈に置き換えられないかと考えてみるのです。感情が認知の産物であるという点を利用するわけです。先ほどの解釈を「先生は私に大きな期待を寄せているのだ。もっとよいレポートを書けるはずだと思っているのだ」といった解釈に置き換えてみることで、ネガティブな感情から解放されます。また、「そのレポートがダメだと言われただけであって、能力全体や人格を否定されたわけではない」という事実を忘れてはなりません。

さらには、たとえ本当に教師に見限られたとしても、よいレポートが書けなかったとしても、「生きていくことには特段の支障をきたさない」と考え直すこともできます。なぜなら、教師に嫌われていても、レポートが書けなくとも、明るく元気に生きている人は大勢いるからです。

そもそも、世の中で起こることは、なかなか自分の思い通りにはなりません。しかし、だからと言って最悪の事態でもないし、別にこの世の終わりでもないと思い直せば、不安や落ち込み、怒りなどの感情を、ぐっと和らげることができます。

ネガティブな感情にとらわれている時こそ、自分の感情を冷静に見極め、自分を嫌な気持ちにさせる解釈を手放すことが必要です。悪い方に考えをめぐらして自分を不幸にしてしまわないように、そして、頭の働きに悪影響を及ぼすという損失を回避できるように意識的に努めるとよいでしょう。ネガティブな感情を持つほど、そしてそれを長引かせるほど、頭の働きだけでなく身体にも悪影響が及ぶということを知っていれば、そうした感情を一刻も早く手放そうという気になりやすいでしょう。

なお、冷静になるには、信頼できる人に自分の気持ちを聞いてもらうこともよいでしょうし、自分のネガティブな気持ちを文章や箇条書きなどにして整理してみることも役立ちます。こうしたことは、頭を冷やすための冷却装置として機能します。メタ認知を働かせて、心を静めるための自分に適した方法を見つけ出し、それを実践する習慣をつければ、上手に気持ちを整えることができるでしょう。

感情を積極的に活用する

ところで、頭を働かせることにとって、感情は常に妨害となるものなのでしょうか。いいえ、そうではありません。感情をうまく使えば、これほど頼もしい味方はいないと言えるほど、認知活動を推進してくれるものです。

私たちは、「好きだ」「楽しい」と思える活動には、何もかも忘れて夢中になれるものです。この「我を忘れて夢中になる」という状態を、ミハイ・チクセントミハイはフロー状態と呼んでいます。[7]うまくフロー状態を引き起こすことができれば、時間も忘れ、その活動に没頭できるというわけです。そのためには、次のような条件が満たされる必要があります。

- 活動に明確な目的があること
- 活動の難易度と自分の能力のバランスがうまく取れていること（つまり、活動が易し過ぎず難し過ぎないこと）
- 活動が自分にとって本質的に価値があると感じること

たとえば、パズルやゲームなどの趣味的な活動や、関心の持てる学習や仕事で、こうした状態を経験した方もいるでしょう。いったんフロー状態に入ってしまうと、時間がとても短く感じられ、活動を続けることがまったく苦にならなくなります。空腹や疲労も覚えず、失敗したらどうしようなどと考えることもなくなるため、不安を感じることもありません。今行っている活動にすべての注意が向き、人からどう見られているかといった自意識までもが消失します。

他の認知活動においても、こうしたフロー状態を作り出すことができれば、まったく努力せずに注意の集中が可能になります。その活動に取り組むことの目的や価値を明確にし、自分にとってちょうどよい難しさの課題から着手してみるなど、工夫を凝らすことによって、フロー状態に近づけることは可能でしょう。

フロー状態とまではいかなくても、「楽しい」というポジティブな感情を持つことで、創造的な思考力が高まります。楽しい気分の時には、いろいろな可能性を思いつくことが、実験によって裏づけられています。ある実験では、楽しい音楽を聞かせることによって気分を操作し、創造的思考課題の一つである「通常とは異なるレンガの使い方をたくさん考え出す」という課題の成績を、無音条件（音楽なし）と比較しました[8]。用いられた楽しい音楽とは、ヴィヴァルディ作曲の「四季」の中の〝春〟です。これは、気分が高揚する曲でもあり、この研究の中では「happy music」と称されています。

すると、楽しい音楽を聴きながら課題に取り組んだ人々の成績が、無音条件の成績よりも明らかに優れていたのです。楽しい音楽は、聴く人の気持ちをポジティブにしてくれるだけでなく、覚醒効果もあったため、発想が豊かになったのではないかと考えられます。

難解な文章を読んで理解したり、論理的な思考を働かせたりする場合には、仮に音楽を聴くとしても、妨げにならない静かな音楽がよいと考えられますが、思考を拡散させて自由にいろいろなことを思いつくという目的にとっては、静かな音楽よりも生き生きと楽しげな音楽がよいようです。

他にも、お笑いビデオや愉快な話によって実験参加者を楽しい気分にさせ、創造的思考課題の成績を向上させたという研究結果もあります。[9] 発想を豊かにするためには、気分を上げてくれるものに触れることによって、楽しい気分で考えることが役立ちそうです。

「楽しい」というのは、ポジティブな感情ですが、それではネガティブな感情は、常に頭の働きを邪魔するものなのかと言えば、必ずしもそうではありません。第3章でも触れたように、度を越えない程度の緊張感や不安（適度なストレス）は、むしろ頭の働きを活性化してくれることが期待できます。

また、悔しい・腹立たしいといった怒りの感情も、有効活用することが可能です。理不尽な扱いを受けたり嫌な思いをしたりして、怒りの感情がむくむくと湧き起こった時には、その感情を推進力として頭を使う作業にあえて没頭するのもよいでしょう。何しろ、怒りは非常に強いエネルギーを生み出しますから、これを前向きに、貴重なエネルギー資源ととらえて、そのエネルギーを最大限に活かすことが賢明だと思います。怒りのエネルギーを正しい方法で使い切ってしまえば、気持ちも落ち着いてくるでしょう。

楽観・悲観と意欲の関係

心理学者なら誰でも知っている言葉に、「獲得された無力感」というものがあります。これは、学習性無力感とも言いますが、要は、どんなにがんばってもうまくいかないという経験を重ねることで、無力感を獲得（学習）してしまった状態です。獲得された無力感の研究で有名なマーティン・セリグマンは、動物や人間に対して、「がんばってもどうにもならない状況」を人為的に作り出し、その後、「がんばればうまくいく状況」に変えてみるという実験を行いました。すると、「がんばってもうまくいかない」という経験を重ねた動物や人間は、無気力な状態に陥ってしまい（意欲を喪失してしまい）、うまくいくはずの状況でも努力をしなくなり、結果的に、うまくいかなくなるということがわかりました。[10]

「どうせできない」「どうせダメだ」と悲観的になると、できるはずのこともできなくなるのです。これは、ある意味、とても恐ろしいことです。楽観・悲観というのは、感情ではなく認知です。楽観的な予測をするか、悲観的な予測をするかということになります。やる気が出ないという問題の背景には、こうした悲観的な認知が隠れている場合があります。

さて、獲得された無力感の研究をしていたセリグマンは、その後、無力感の延長線上にあるうつ病の研究に向かいました。そして、どれほど多くの失敗や不幸な出来事に直面しても立ち直り、うつ病にはならない人がいることを発見しました。その人たちは、つらい経験をしても無力感に陥らず、希望を持って立ち上がり、幸せになることが多いのです。このことに強い関心を持ったセリグマンは、私たちが幸せに生きるためにはどうすればよいかを追究する「ポジティブ心理学」の研究に取り組み始めました。そして、楽観的な人つまりオプティミストは成功するという結論に至ったのです。

楽観的な考え方をする人は、自分の行動の結果がうまくいくと期待します。たとえば、新薬の開発に携わっている人であれば、「この研究を続けていくと、必ず画期的な薬ができるはずだ」といった期待を持ちます。こうした結果への期待は、当然、意欲を著しく高めます。まさに、楽観がもたらすそうした意欲の高さによって、継続的な努力・行動が導かれ、結果的にうまくいくことが多くなるわけです。これは決して、強く念じれば望みが叶うという念力のようなものではなく、最後は、粘り強い行動がものを言うのです。

さらに、こうした楽観的な考え方をする人は、悲観的な人に比べて、メンタルヘルスが良好に保たれます。その結果、楽観的な人は、免疫力も高く身体も健康であることが多いのです。

こうしたメカニズムを知っておき、やる気を高めるために、可能な限り楽観的でいることが望ましいと言えるでしょう。

やる気はどこから来るのか

ここであらためて、やる気がいったいどこから来るのかを見ていきたいと思います。心理学においては、やる気、意欲をモティベーション（動機づけ）と呼びます。学ぶことに対してやる気のない状態では、何事においても成果は出せません。しかし、そうは言っても、さまざまな原因で、やる気がなくなってしまうことがあります。やる気を出すには、やる気がどのように生じるのか、そしてどうすればやる気が出るのかというメタ認知的知識が役立ちます。

心理学では、ある行動に対するやる気の源泉として、三つの要素が考えられてきました。

第一に、「〜したい」という欲求、第二に「〜は楽しい」という感情、そして第三に、ポジティブなとらえ方（認知）です。

これを、高校で英語を学習するという状況に当てはめて考えてみましょう。第一に、「自分の能力をもっと発揮したい」（自己実現欲求）、「よい成績をとって先生に認められたい」（承認欲求）といった欲求から、やる気が湧いてくることがあるでしょう。これらは、「喉が渇いたので水を飲みたい」といった生理的欲求とは異なるものであり、心理的な欲求です。第二に、「英語の学習は楽しい」といった感情が、やる気を高めます。そして第三に、「英語の力は将来役に立つ」（価値）、「がんばれば、英語の力をつけることができるだろう」（期待）というようにポジティブにとらえることができれば、やる気が高まるということです。この期待は自己効力感と呼ばれ、先ほど出てきた楽観とも関係しています。

こうした、欲求、感情、認知の三つの要素は、個々ばらばらに働くものではなく、一つの要素が他の要素に影響を及ぼします。たとえば、「英語の力は将来役に立つ」ととらえれば、英語学習により多くの価値を見出すことになり、結果として、英語を学ぶことが楽しくなりそうです。また、「がんばれば、英語の力をつけることができるだろう」と認知すれば、「自分の能力を発揮したい」という欲求も高まりやすいでしょう。

一方、こうしたポジティブな影響とは逆に、否定的な考え方をすれば、他の要素にもネガティブな影響が及びます。たとえば、「こんなことを勉強しても、自分の将来にはあまり関係ない」「がんばって勉強しても、どうせ自分はできるようにならないだろう」と認知すれば、学ぶ楽しさも感じられないでしょう。

目標が挑戦意欲を左右する

私たちが何かを学ぼうとする時、何を目指して学ぶかという学習の目標を、キャロル・ドゥエックは大きく二つに分類しました。一つはラーニングゴール（習得目標）であり、もう一つは、パフォーマンスゴール（遂行目標）です。[11]

ラーニングゴールとは、ドゥエックによれば、新たな学びによって自分の能力を伸ばすという目標です。つまり、自分が成長することに主眼を置くものです。一方、パフォーマンスゴールとは、自分の能力に対して高い評価を得るという目標です。こちらは、成長ではなく、他者からの評価に主眼を置いています。

ラーニングゴールに基づいて学ぶ人は、新たな学びによって自分の能力を伸ばすことを目指すため、難しいことにも挑戦意欲を持ちますし、失敗は課題解決の手掛かりであるととらえ、失敗を嫌がりません。他方、パフォーマンスゴールに基づいて学ぶ人は、自分の能力に対して高い評価を得ること、低い評価を避けることが目標となるため、評価に悪影響を及ぼしかねない、失敗する可能性のある難しい課題には挑戦しようとしません。

ドゥエックは、この二つの学習目標の背景には、異なる知能観があると考えました。ラーニングゴールの背景には増大的知能観が、そしてパフォーマンスゴールの背景には固定的知能観があるととらえたのです。増大的知能観に立てば、自分の能力はこれから伸びると考えられるため、他者からの評価よりも新たな学びそのものを大切にします。一方、固定的知能観に立てば、能力自体は伸びないと考えてしまうため、学ぶことそのものよりも、現在の能力を他者に対していかに高く見せるかに重点を置くわけです。

このことは、学校での学びに限定されません。仕事をはじめとする生活全般における学びにも適用されます。「学ぶことで頭はよくなる」「新たな学びによって成長できる」と考え、ラーニングゴールを持つことが、挑戦意欲を高めてくれるでしょう。

メタ認知でやる気を出す

何かを学ばなければならないのに、「やる気が出ない、困った」と感じた時こそ、一段上から自分を見つめ、メタ認知を働かせて、やる気の出ない原因を探ってみることが、解決策を見つけるのに役立ちます。自分の考えをふり返るメタ認知的モニタリングを試してみるとよいでしょう。

メタ認知的モニタリングによって、「自分にはどうせ無理だ」「失敗するのが怖い」という諦めや不安がやる気の出ない原因だとわかれば、少し自信をつけることが必要です。そのためには、目標のハードルをいったん下げてみることも一つの方法です。あえて、ごく簡単なところから着手してみるとよいかもしれません。小さなことであっても、「できた！」という成功体験を少しずつ積み重ねていくことが肝心です。こうした方向づけ、すなわちメタ認知的コントロールが「自分にもできる」という認知の変容につながり、感情や欲求にもよい影響を与えるでしょう。その結果、やる気が高まることが期待できます。

あるいはまた、「よい成績がとれなければ、学んだことはすべて無駄になる」ととらえているためにやる気が出ないのだとわかったならば、「本当にそうか？」と問い直してみるとよいでしょう。そして、「目標に向かって学習を積み重ねていれば、たとえその目標が達成できなくても、学んだ成果は自分の中に確実に残る」という、心理学的に見ても妥当な考え方へと改善することが大切です。メタ認知を働かせて、そのように考え方を変えていけば、たとえ目標達成の可能性が低い場合でさえも、「がんばってみよう」という気持ちになりやすいものです。

楽しいから、好きだからそれをするというのは、自分の中から湧き起こる「内発的動機づけ」です。しかし、常に内発的動機づけが起こるとは限りません。そこで知っておきたいのは、「外発的動機づけ」をうまく使う方法です。外発的動機づけは、金銭や物品などの物的報酬、あるいは、よい評価やほめ言葉などの社会的報酬によってやる気を引き出すことです。また、こうした報酬とは逆に、罰による外発的動機づけがあります。たとえば、「成果をあげなければ、自分に対する評価を下げられる」「約束を守らなければ、罰金を科される」といったものが罰に当たります。

外発的動機づけは望ましくないと思われがちですが、必ずしもそうではありません。必要だとわかってはいても、なかなか行動できない場合には、最初のきっかけを作るために、あえて外発的動機づけを使うことが有効である場合もあります。たとえば、「ここまでの課題を終わらせないと、今日のテレビは見てはいけない」と自分で決めることなどが、これに当たります。内発的動機づけが不十分な時の補いとして外発的動機づけを活用することは、むしろ賢明な方法と言えます。そして、このことをメタ認知的知識として知っておけば、他者のみならず自分自身に対しても有効な動機づけ方略として用いることができます。

ただし、外発的動機づけとして他者から罰を用いられると、反発感や無力感などの副作用が生じることがあるため、注意が必要です。私たちは、もともと自分の行動は自由意志で決めたいという欲求を持っています。それなのに、他者から罰を予告されると、自分がコントロールされていると感じます。これは、愉快なことではありません。さらに、他者からの外発的動機づけは、ある行動をとるようにと、行動の方向性を指示されるため、強制感が強く、自分の自由が奪われるように感じてしまいます。結果として、奪われそうになった自由を取り戻すために、指示とは逆の行動をとりたくなるのです。たとえ、その指示あるいは提案が、よかれと思って出されたもので、本当は自分のためになるものだとわかっていても、無意識のうちに反発心が生じてしまうのです。これが、心理的リアクタンスと呼ばれるものです。

したがって、外発的動機づけを用いる場合には、できれば、それを自分で決めるという形をとることが望ましいでしょう。たとえば、課題を終わらせないと今日のテレビは見てはいけないといった罰を自分で決めることがこれに当たります。あるいはまた、自分が設定した罰では効力がないという場合には、自分で罰を決め、家族や周囲の人に協力を仰いで、厳しく取り締まってもらうのもいいでしょう。要は、自分の意思で罰を設定すれば、それが外発的であろうとも、他者からコントロールされているという感覚にならず、心理的リアクタンスを引き起こさずに済むというわけです。

自分が主体となって考え、決めたという感覚は、何事においても大切です。私たちの能動性の基本は、外部からコントロールされるのではなく自らが主体であるという行為主体性（agency）にあります。[12]アルバート・バンデューラは、自分の考えや行為を省察するメタ認知能力が人間の行為主体性の特徴の一つであるとしています。

私たちが行為主体性を感じるためには、自分の行為に伴って結果が生じる（随伴する）という認知が必要です。[13]たとえば学習においては、自由度が高まるほど、すなわち、学習の対象や範囲（何をどこまで学習するか）、学習の進め方、時間配分などが学習者に委ねられているほど、学習者の行為主体性は高まります。その結果、自己調整による学習が行われるようになります。学習者自身が自らの学習を調整しながら能動的に学習目標の達成に向かう学習は、自己調整学習と呼ばれています。[14] 行為主体性に基づく学びは、もちろん意欲的な学びでもあるため、効果が期待できます。

こうしたことをふまえると、何が自分のやる気を引き出すかを日頃からよく観察しておき、自分にとって有効な方法で動機づけを行うことが大切です。頭を働かせる認知活動においても、このような自己動機づけのためのメタ認知的知識を豊富に備えておくとよいでしょう。

本章のまとめ

- 感情の乱れは頭の働きを鈍らせる
- 感情の乱れは、ネガティブな予想や、出来事のネガティブな解釈によって起こる
- メタ認知で感情を整えたり、感情を有効活用したりすることができる
- 欲求、楽しさ、ポジティブなとらえ方がやる気の源泉である
- 増大的知能観に基づくラーニングゴールを持つことで、挑戦意欲が高まる
- 行為主体性の感覚をうまく使い、メタ認知で自己動機づけを図ることができる

次章では、何がメタ認知を育てるのか、促進するのかを見ていくことにします。

第5章　メタ認知はこうして育つ

メタ認知を育てる環境

子どもの頃、父は私によく言いました。

「自分で考えてごらん」

「自分でいいと思ったことは試してみてごらん」

子どもの稚拙な考えであっても、それを実行に移す前から否定するのではなく、自分の失敗を通して学ばせるという方針だったのでしょう。いろいろと試しながら自分で工夫し改善していくというのは、メタ認知に通じるものです。

メタ認知が育つためには、環境、とりわけ人的な環境がとても大切です。親や教師、あるいは職場の上司、そして同年代の仲間がどのような態度で接してくれるかということがメタ認知の育ちを大きく左右します。メタ認知のためには、指示を待ったり最初から人を頼ったりするのではなく、まず自分で考えてみるという主体性を持つことが大切ですが、この主体性が身につくかどうかは、周りの人々の態度に大きく影響されます。

たとえば親の養育態度。子育ての中で、子どもに対する無関心や極端な放任がよくないことは、すでに広く知られています。無関心や放任といった態度では、子どものメタ認知を育むことはできないでしょう。逆に、子どもに対する過干渉、とりわけ親が先回りしてなんでも教えてしまう、助けてしまうという関わり方も、子どもたちが自分で真剣に考えて判断し、行動する機会を奪ってしまいます。

子どもなりに、あれこれ考えて時には失敗しながらも、よりよい方法を探っていくという機会を与えることが、メタ認知を育むためには必要です。親としては、歯がゆくじれったい思いもあるでしょうが、ここは忍耐を要するところです。

親に限らず、教師や上司にも、このことが当てはまるのではないかと思います。もちろん、生徒や部下を自由に泳がせ、時には失敗も覚悟するなどということは、時間的にも精神的にも、余裕がなければ難しいでしょう。常にそうした態度を取ることは、不可能に近いかもしれません。しかしそれでも、可能な範囲で、生徒や部下に、自分で考え自分のやり方を工夫・改善する機会を与えることは、メタ認知を育む上で、きわめて大切です。

家庭や教室、職場などで、すぐに指示や助け船を出すのではなく、まずは自分で考え、自分のやり方を工夫・改善することを奨励する雰囲気、大きく言えば、そうした風土や文化を少しずつでも醸成していけるとよいでしょう。

また、私たちは、他者の行動を見て学びます。周りの人がメタ認知を働かせている様子を見ることで、それをまねるという観察学習の原理が働きます。ただし、目に見える行動とは異なり、他者のメタ認知を直接知ることはできません。そこで、観察学習をうまく成立させるためには、親が子どもに、教師が生徒に、上司が部下に、自分の思考を「外化（見える化）」する方法が考えられます。

たとえば、「うっかり大事なことを忘れていた。やはり、きちんと記録しておかないとね」「今回のことは、私の思い込みが強過ぎたようだ。もっと心をオープンにしておく必要があるな」「どうも、物事の一面しか見ていなかったようだ。他の面にも目を向けないと……」「これは難しいな。でも、こうしてみたらどうだろう」といった具合です。

つまり、第1章で紹介した「発話思考」を自ら行うことになります。ある意味、自分の思考をガラス張りにするようなものですが、「このようにメタ認知を働かせてほしい」という内容についてモデルを見せることで、相手の観察学習が進むと期待できます。

メタ認知を助ける人間関係

自分で自分の考え方や発言の仕方などをメタ認知するのは、大人にとっても難しいものです。そこで大いに助けとなるのが、よくない点についての他者からの指摘です。とは言え、教師や上司といった上の立場の人から自分の欠点や弱点をズバリ指摘されると、効き目が強過ぎて落ち込んだり、時には劣等感を持ったりすることもあるかもしれません。もちろん、言い方や日頃の人間関係にもよるわけですが。

ここで活躍してほしいのが、仲間です。仲間はピアとも言いますが、友人やクラスメイト、同僚など、上下関係のない横並びの立場にある人たちです。ある程度親しい間柄の人であれば、「ここを直した方がいいんじゃない？」などと率直に言い合うことができます。

私もずいぶん、仲間によってメタ認知を助けられました。特に印象に残っているのは、大学のゼミの友人からの次の言葉です。

「あなたって、説明が下手ねぇ。せっかくいいことを言ってるのに、みんなに伝わってないと思うよ」

彼女は、学部のゼミで私の発表を聞いて、後からこのように言ったのです。私はハッとしました。そして彼女の言う通りだと納得したのです。だからと言って、すぐにメタ認知を働かせて説明が上達したというわけではありません。正直なところ、今も口頭説明は得意ではありません。いきなり説明を求められると、たいてい一つか二つ、大切な部分が抜け落ちてしまいます。でも、不得意であることを自覚し、事前に準備ができる時には、なるべくメタ認知で補うようにしています。

その友人は、他の場面でも、いろいろと注意を与えてくれました。歯に衣《きぬ》着せずものを言う人でしたが、それは彼女の私への思いやりからであるとわかっていたので、今も感謝しています。

彼女以外にもたくさんの人が、私が自分で気づかない点について、さまざまな指摘とアドバイスを授けてくれましたので、ずいぶんメタ認知が助けられたと感じています。仲間からの助言、時には苦言（早口過ぎて話が聞き取れない、など）に耳を傾けることで、メタ認知が促されました。これは、とてもありがたいことです。

自分では十分にメタ認知ができない点を指摘してくれる相手がいること、そうした人間関係を築いておくことは大切だと感じます。自分の認知活動についての他者からの指摘や提案は、まさにメタ認知の貴重なアウトソーシングと言えるでしょう。

メタ認知の阻害要因を知る

潜在的には高いメタ認知能力を備えていたとしても、その力が十分に発揮できないことがあります。それは、心に余裕がない時です。

現在は、どの職場も大変で、時間に追われて余裕をなくしがちです。そのため、あれもこれも同時に考えて処理しなければならない状況に陥りやすくなっています。こうした状況では、あちこちに注意を向けなければならず、必要なことを覚えておき、判断し、伝えるといった認知活動そのものにも支障をきたすことが多くなってしまいます。

いわんや、そうした認知活動をモニターしたりコントロールしたりするメタ認知までは手が回らないことが少なくないでしょう。結果として、同じミスを何度も繰り返したり、場当たり的な対応で、とりあえずその場をしのいだりといった結果を招くことにもなるでしょう。

そして、自分のメタ認知が十分に働いていないことにさえ、気づかないかもしれません。一度に二つ以上のことをしようとすると、認知資源（認知活動に使えるリソース）が分割されて、知らず知らずのうちにパフォーマンスが落ちてしまいます。以前、次のような実験を行いました。

まず、できのよくない、わかりにくい文章を実験材料として作成しました。この文章を推敲して、組み立てのわかりやすい、よい文章にすることが、実験参加者の課題です。この作業自体、かなりメタ認知を必要とするものです。

ここで、実験参加者を二つのグループに分けます。Ａグループは、課題に専念します。一方、Ｂグループは、もう一つの課題を同時にこなさなければなりません。それは、情報社会、情報科学、情報判断……など「情報」を含む言葉がランダムに聞こえてくる中で、「情報判断」という言葉が聞こえた回数を「正」の字を書くことでカウントするという課題です。それほど複雑な作業ではありませんが、常に耳を傾けておく必要があります。

さて、結果はどうなったでしょうか。文章の手直しだけに専念するＡグループに比べて、余計な課題を課されたＢグループでは、メタ認知を必要とする、文章の組み立てを改善する課題のパフォーマンスが低下していました。

にもかかわらず、推敲のでき映えに対する自己評価では、両グループの間に差がなかったのです。つまり、二つの課題を与えられたBグループではメタ認知が十分働いていなかったために、推敲パフォーマンスが低下しただけでなく、自らの推敲パフォーマンスの低下にも気づきにくくなっていたのです。[1]

この実験からわかるのは、よくやりがちな「ながら学習」や「ながら作業」は、一見効率がよさそうに見えても、自分でも気づかないところでメタ認知が低下し、パフォーマンスが落ちている可能性があるということです。

そもそも私たちの認知資源は無限ではなく、かなり限られたものです。この認知資源は、睡眠不足や体調不良によっても減少します。また、他の考えごとや心配ごとなどにリソースが奪われ、集中しなければならない作業に使えるリソースが減少してしまうこともあります。リソースが減ると、認知活動だけで手一杯になり、メタ認知にまでリソースが回らなくなります。結果として、メタ認知が十分には働かなくなってしまうのです。

メタ認知が阻害された状態というのは、自分でも気づかないことが多いものです。それゆえ、特に注意したいところです。

メタ認知を促す意見文作成トレーニング

筋の通った説得力のある意見を組み立てる力は、さまざまなシーンで必要になります。ところが従来、そのトレーニングが必ずしも十分には行われていないようでした。筋の通った意見とは論理的に組み立てられた意見であり、さらにその意見に説得力を持たせるには、他者の視点に立って問題をとらえ直すことや、多様な意見を考慮した上で自分の意見を吟味・修正することが求められます。

自分の意見の組み立てが論理的かどうかという判断は、メタ認知に基づいて行われます。説得力を持たせるためにも、自分の意見を他者の視点でとらえることが必要になるため、メタ認知が要求されます。つまり、筋の通った説得力のある意見を組み立てること、それをもとに意見文を作成することは、メタ認知を抜きにして成り立たないのです。

私が最初に勤務した鳴門教育大学では、教師を目指す学部生たちが、自分の意見をうまく組み立てられないという問題意識を抱えていたため、教育実習の事前指導の一つである「コミュニケーション演習」で対策を講じました。初期値があまり高くない場合には特に、練習することによって、意見を組み立てる力は大きく伸びるものです。

　本当は高校卒業までに意見文作成の練習をしておくことが望ましいと考えていたところ、大阪市立淀商業高校の「コミュニケーション」という新設選択科目の授業設計をお手伝いするという機会に恵まれました。当時の授業担当の安東裕二教諭とともに、週二コマ、二年間分の授業を作ることになりました。そこで、この授業の中に意見文作成の演習を加えたのです。いわゆる作文作法の授業というよりは、メタ認知を働かせることを主目的にした授業です。意見文の題材としては、次のような、考え方の分かれる問題を用いました。


　A君は、一四歳の少年で、キャンプに行きたいと思っています。お父さんは、A君が自分でそのためのお金をかせげば行かせてあげる、と約束しました。そこで、A君は、新聞配達をして五万円かせぎました。

　ところが、キャンプに行く一週間前になって、お父さんは気持ちを変えました。お父さんの友達が、パソコンをとても安く譲ってくれると言っているのです。でも、お父さんが自由に使えるお金では少し足りないので、お父さんはA君に、かせいだお金をわたすように、と言いました。

A君がどうすればよいかについて、いろいろな考え方を考慮しながら、あなたの考えを述べて下さい。

この問題はもともと、ローレンス・コールバーグが作成した「モラルジレンマ問題」の一つですが、[2] 現代の日本の状況に合うように一部改変して用いました。

このような問題を用いたのは、ジレンマに陥り判断に迷いやすく、いずれの主張にもさまざまな根拠づけが可能であるため、討論が活発になりやすく、討論を通して自分の意見を検討する機会を作り出しやすいと考えたからです。生徒たちには、何度も文章を推敲することを求めました。

授業の主なポイントは、次の二つです。

①説得力のある意見文を組み立てる練習をする

そのために、主張、主張を支える根拠、根拠を支える裏づけ、想定反論、反論に対する再反論という五つの要素を用いて、意見文を組み立てる方法を学ぶ。

②他者の意見、とりわけ自分とは異なる意見に接することでメタ認知を働かせる

そのために、まず各自で考えて意見文を書いた後に、ペアを組んで、さらには人数を増やしてグループを作り、討論を行う中で、他者の意見に触れて思考を深める。

「なぜそう考えるのか」「どのような根拠があるのか」「証拠や具体例はあるのか」といった点を、互いに追求し合うことによって、自分の主張が単なる思い込みや印象論に立脚する危ういものであることを思い知らされます。こうした他者との討論によって、否応なくメタ認知が働き、考えが深まります。そして、討論をしておしまいというわけではなく、この討論で得た気づきを反映させて推敲作業を行います。文章を書くことが苦手な生徒たちにとって、こうした演習は、かなりハードな経験であったはずです。

しかし、成果ははっきりと現れ、個人思考（作文）→ペアでの協働思考→個人思考（推敲）→グループでの協働思考→個人思考（推敲）といった繰り返しの中で驚くほど意見文はよくなっていきました。

以下は、この授業を受けた生徒の感想の一例です。メタ認知を働かせて、自分のこれまでの考え方を見直し、具体的な改善の方向性を打ち出している様子が読み取れます。

授業で得たことは、視野を広げて考えられるようになったことです。今までは、自分の立場からしか考えてなかったことでも、授業でパソコンを使って意見文や反論文や再反論文を考えたことで、自分の意見も大事だけれど「相手の立場から考えてみたらどうなんだろう?」と考えてみると「その意見もいいなぁ」とか思ってどんどん考え方が広がります。これはとても大切なコトだと思います。

世の中たくさんの人がいるので考え方も人それぞれです。相手の意見や考えも受け入れることの大切さに気づきました。それと同時に、意見がくい違ったときなどは、「なぜそうなるのか?」「そうなった場合は、どうするのか?」と反論することも身につきました。

また、日常会話の中でも、意見を述べる際にメタ認知を働かせる習慣がついたことをうかがわせる、次のような報告もありました。

この授業に慣れてきた頃に友達との卒業旅行の話が出たのですが、なかなかいいプランがありませんでした。それで話し合いになった時に、自分の意見、反論、再反論をきっちりと考えていたので、すんなりと話が進んで行き、スラスラと自分の意見も言えたので、とてもよかった。しかも、旅行のプランは私が提案したものに決まったし、本当によかったと思います。その話し合いだけでなく、ケンカとかになった時でも、再反論まできちんと考えていれば、自分のちゃんとした意見も言えるし、ちゃんと筋が通っているものになることも学びました、何度も同じようなことをして、毎時間パソコンに向かいしんどいことも多かったけど、それによって、慣れてきて、自分の意見を筋を通して言えるようになったし、人とのコミュニケーションの問題点も学べたのですごく得する授業だったと思います。

意見文作成トレーニングが終わった後、この授業を選択したグループと選択しなかったグループの作文を比較してみると、差は歴然としていました。質的にも量的にも、意見文はトレーニングによって大きく改善されていました[3]。

なお、意見文作成の演習は、現職教員の方々の研修にも活用しました。鳴門教育大学の教職大学院において「コミュニケーション・マネジメント演習」という授業科目を立ち上げ、この中でも、意見文の改善を図る授業を行いました。

ここでは、わが国へのサマータイムの導入の是非を問題にし、説得力のある意見文を書けるようになることを目指しました。とりわけ、第3章にも出てきたマイサイドバイアスからの脱却を図りました。私たちは、自分の立場を支持する情報にのみ目を向けてしまい、偏った判断をしがちなのですが、マイサイドバイアスを含む意見文は、説得力に欠けます。そこで、意見文の中で生じるマイサイドバイアスに目を向け、自分の意見文にこのバイアスが生じていないかをモニターし、生じていればそれをコントロールして修正することをねらいとしました。

まずは各自の主張に沿って、自由に意見文を書いてもらった後に、主張の異なるメンバーから構成されるグループを作り、活発な討論を行います。その討論の中で、主張に対する複数の根拠や、それを支えるさまざまな裏づけと出合うことで、偏りが修正されていきます。多くの場合、主張そのものは変化しませんが、根拠や裏づけの書き方、そして何よりも、想定反論とそれに対する再反論の書き方が変わってきます。結果として、意見文の説得力が高まりました。[4]

読み手意識を強く持った文章を書くことは、実はそれほど容易ではありません。論理展開については、これは決して一通りではなく、複数の展開が考えられます。時には、論理としてはまちがっていないものの、わかりにくい展開になっていることもあります。どのように書けば読み手は理解してくれるのか、そして納得してくれるのかを考え工夫することは、何よりもメタ認知を必要とします。その意味で、よい意見文を書こうとすることは、メタ認知のトレーニングとして、非常に効果的だと言えるでしょう。

なお、意見文のテーマとしては、先ほどの「サマータイムの導入は是か非か」といった、問題が明確なものの他に、「主体的に学ぶ学習者を育てるにはどうすればよいか」といった、問題自体がまだ明確に定義されていない要素を含むものがあります。後者のテーマでは、「主体的とはどういうことか」「学習者と言っても、どの年齢層の学習者なのか」「育てるのは、親なのか教師なのか」といった点が定められていないため、意見文を作成する際にはメタ認知を働かせて、こうした点をまず自分で明確にする作業から始める必要があります。ここで、「主体的」をどのように定義するか、論じる対象をどのように決めると持論を展開しやすいか、また、なるべく読み手が関心を持ってくれそうな対象はどのあたりか、という具合に考えることは、相当メタ認知を必要とします。したがって、不明確な問題についての意見文作成は、さらにいっそうメタ認知を鍛えてくれるでしょう。

メタ認知の鍵となる創造的思考のトレーニング

そもそもメタ認知を働かせるためには、何よりも柔軟な思考が要求されます。自分の最初の考えにとらわれることなく、別の考え方を模索してみるという態度が、これを支えます。自分の考えに固執せず、いろいろな可能性を考えてみるという習慣が身につけば、メタ認知が働きやすくなります。この柔軟で多面的な思考とは、言い換えれば、創造的思考ということになります。

「創造的」という言葉からは、芸術作品や科学的発明などを連想してしまうかもしれませんが、そうした「大きな創造」だけでなく、「小さな日常的な創造」も、実は、とても意義のある創造です。創造的思考は、生活に密着した概念としても、とらえることができるのです。

第3章で紹介した、頭を柔らかくして「もっと他の考え方はできないか」と創造的に考えるためのトレーニングも、実はメタ認知を働かせるために非常に役立ちます。まずは自力で、これ以上は思いつかないというところまで考えた後に、他者の考えに触れるというIPE（アイデアの事後呈示）パラダイムを用いて、ある出来事の原因を推理するというトレーニングです。参加者は毎回異なる問題を呈示され、その都度、「自分で考える→他者の考えを複数例見る」ということを繰り返します。

後に、このIPEパラダイムを用いて、中学校でトレーニングを行う機会を得ました。ちょうど、和歌山大学教育学部附属中学校からご依頼があり、当時の研究主任の山口康平教諭のご協力を得て、中学三年生を対象としてトレーニングを実施することになったのです。「トレーニングあり群」と「トレーニングなし群」を比較したところ、やはりトレーニングの明確な効果が認められました。トレーニングあり群ではトレーニングなし群に比べて、統計的にも有意な水準で、発想量が増えただけでなく、発想のバラエティーも豊富になっていました。[5]表4は、トレーニングあり群に割り当てられた、ある参加者の発想例です。比較しやすいように、同一問題に対するトレーニング前（事前テスト）とトレーニング後（事後テスト）の解答を示しています。発想の量が増えただけでなく、発想のバラエティーが豊かになっていることがわかります。

さらに、ここが肝心なポイントですが、トレーニング実験に参加した中学生たちは、「柔軟に考えることの重要性に気づいた」「原因をたくさん推理せよと言われても最初は思いつかなかったが、他の人の考えを見てなるほどと感じ、もっと考えてみようと意欲が湧いた」

表4　トレーニングあり群における同一参加者の事前・事後テスト（同一問題）の発想例

問題：いつもは一生懸命にサッカーの練習をしているケンが、今日は集中していないようです。なぜでしょうか？

事前テストにおける解答	事後テストにおける解答
1 友だちとケンカをして気がかりだった	1 体調が悪かった
2 テストの結果が悪かった	2 テストの結果が悪かった
3 今日は、朝からあまり体調が良くなかった	3 暑かった
4 サッカーをする気分ではなかった	4 お母さんに怒られることをした
5 暑くて、やる気がしなかった	5 好きな女の子が近くを通った
6 練習の後、塾に行ってテストを受けなければいけないから	6 友達とケンカした
	7 この後、塾に行かなければならない
	8 どこかで動物の鳴き声がした
	9 お腹がすいていた
	10 いつもと景色が違っていた
	11 見たいテレビ番組があった
	12 今日は用事があったのに練習している
	13 一緒にサッカーしている友達が今日は来なかった
	14 喉が渇いていた
	15 勉強したかった

「発想する力や粘り強さが向上した」「このようなトレーニングは楽しい」といった類のメタ認知的な気づきを述べていました。トレーニングについての五段階評価も、これらを裏づける結果になっていました。

これに加えて、複数の教科担任の先生方からも、生徒たちの思考態度に明らかな変化が認められ、授業中にもさまざまな可能性を考えるようになったとの報告がありました。これは、「他にも可能性があるはずだから、別の見方をしてみよう」という、トレーニングで培われたメタ認知的な態度が、異なる状況にも転移したものと考えられます。

この実験では、出来事の原因を柔軟に推理する力を伸ばすことを目的としましたが、その次の実験では、IPEパラダイムを用いて、他者の行動の背景にある「理由」を柔軟に推理できるようになることを目指しました[6]。他者の行動の理由を一面的にとらえて決めつけるのではなく、多面的に考えてみることも、出来事の原因推理と同じく重要だと考えたためです。

今度は、短大生が実験に参加しました。

比較のために、次の三つの条件が設定されました。

①IPEパラダイムを用いたトレーニング条件（IPEあり）：一つひとつの問題を自分で

考えた後で、他者の考えが呈示されるということを繰り返す
②ＩＰＥパラダイムを用いないトレーニング条件（ＩＰＥなし）：他者の考えに触れる機会はなく、ひたすら自分で考えることを繰り返す
③トレーニングなし条件：まったくトレーニングを受けない

トレーニング・セッションでは、ある人が少し不可解な行動をとった場合の、その人なりの理由を多面的に推理することが求められます。事前テストと事後テストの間に、異なる七つの問題を用いたトレーニングが行われました。

結果は、次のようになりました。

まず、①や②のトレーニングあり条件は、③のトレーニングなし条件より成績が伸びていました。ＩＰＥありでもなしでも、発想トレーニングを行わないよりは行った方が、効果があることがわかります。これは、特に驚くことではありません。

次に、①は②よりも効果がありました。そして、①と②の効果の差は、もともとの発想量が少なかった人たちの場合に大きく表れました。この結果から考えられることは、もともと自力でたくさん発想できる人たちは、単純な反復トレーニングでも成績が上がるのに対し、

図15 IPEありとIPEなしの比較

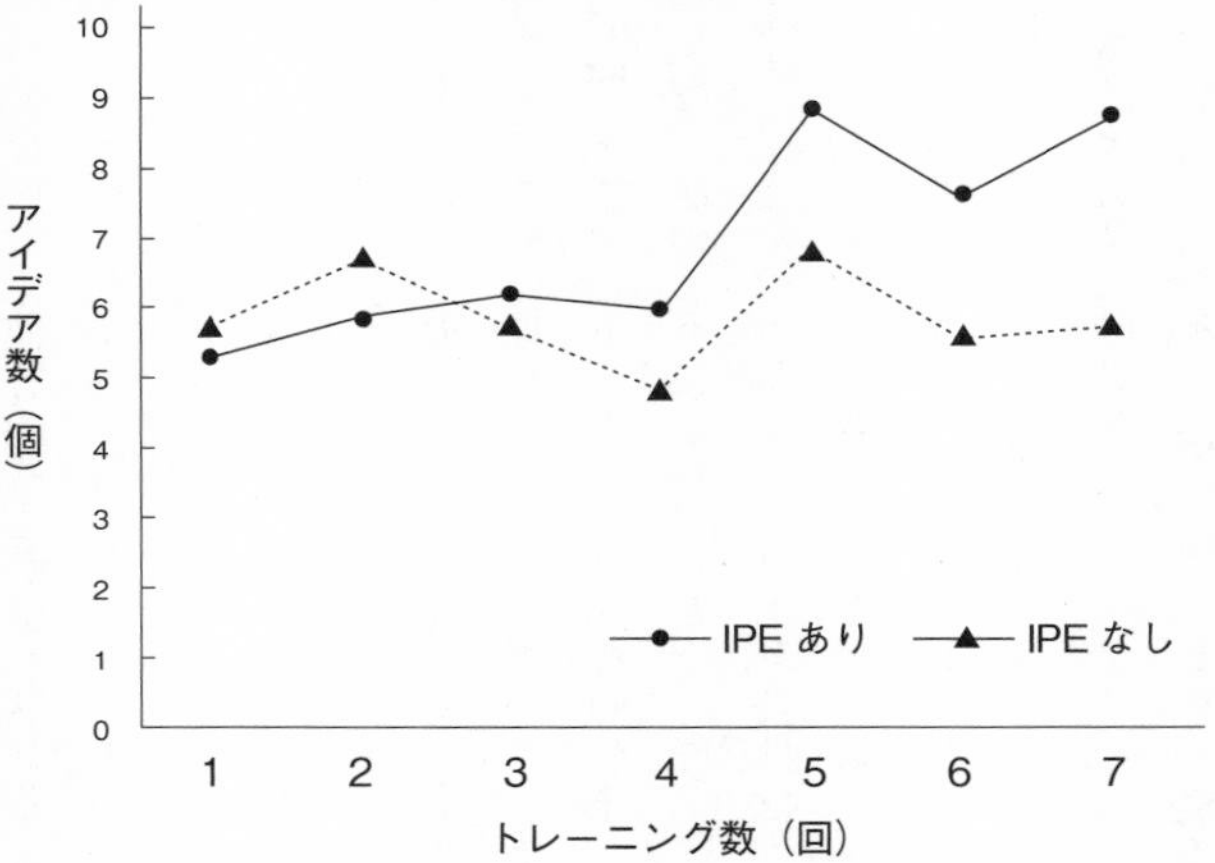

もとの発想量が少ない人たちの場合には、他の人の考えを事後的に呈示することが大きな効果を生むということです。

実際、事前テストでは両者において大きな差があったにもかかわらず、事後テストの新規問題では、まったく差がなくなっていました。つまり、多面的な発想が得意でなかった人たちが、IPEパラダイムによって大きく伸び、最後は発想の得意な人と同じレベルに達することができたのです。

さらに、発想量がもともと少なかった人たちの、トレーニング中の発想量の推移を見ると、図15のように、三回目くらいまではIPEありとIPEなしの差はほとんどなく、四回目あたりから少しずつ開いていったのです。

表5　IPEあり条件における同一参加者の事前・事後テスト（同一問題）の発想例

問題：（保育所で）全員で合奏をする時に、Aちゃん（5歳児）は1人だけ参加せず、おもちゃで遊んでいます。なぜでしょうか？

事前テストにおける解答	事後テストにおける解答
1　合奏するのが嫌い	1　合奏が嫌い
2　みんなと行動するのが苦手	2　まだ遊びたい
3　おもちゃで遊びたい	3　みんなと何かをすることが苦手
4　1つのことに集中している	4　大きい音が苦手
5　大きい音が苦手	5　楽器を触るという経験がない
6　おもちゃ遊びが納得いくところまで終わっていない	6　合奏をしたことがない
	7　嫌いな人と一緒にしたくない
	8　好きな人がいて照れている
	9　やる気がない
	10　合奏したくない
	11　ミスするかもという不安
	12　誰も一緒に行こうと言ってくれなかったからすねている
	13　大人数が苦手
	14　集団で何かやると緊張する
	15　知らない曲だった

このことから、ある程度トレーニングを積み重ねるうちに、IPEの効果が徐々に表れることがわかります。

表5は、IPEありのトレーニングを受けた、ある参加者の実際の回答例です。事前・事後の比較のために、「同一問題」への発想例を示しています。このトレーニングにおいても、やはり、発想の量、発想のバラエティ

ーがともに豊かになっていることがわかります。

参加者のふり返りに目を向けると、ＩＰＥあり条件において、「他者のさまざまな考えに触れることがとてもよい経験だった」「自分には考えつかない発想に触れたことでいろいろな発想ができるようになった」という、ＩＰＥに対するポジティブな評価が多く見られました。一方、ＩＰＥなし条件では、「自分ひとりでは考えが偏る」「自分ひとりでは難しい」「他の人の考えを参照したい」といった、個人思考のみを行うことの限界への気づきや他者のアイデア参照に対する要望が認められました。こうした気づきは、メタレベルで自分の思考をふり返ったものであり、メタ認知的気づきと呼ぶことができます。

この一連のトレーニング研究から、一般に、単なる繰り返し練習よりも、自分で一生懸命考えた後で他者のさまざまな考えに触れるというＩＰＥパラダイムが、物事を多面的に柔軟にとらえるという創造的思考力を伸ばすためには有効であると考えられます。

他にも、意見文の作成にあたり、ある主張の根拠をできるだけたくさん考えるという根拠産出トレーニングを行い、成果をあげています。通常、主張を支える根拠には複数のものがあるため、一つの根拠を思いついただけでは必ずしも十分ではありません。また、自分の主張と対立する主張の背景に、どのような根拠があり得るのかを考えておくことも必要です。

そこで、根拠を多面的に考えるトレーニングが役立ちます。

たとえば、「バレンタインデーはなくすべきだ」という主張の根拠としては、「チョコレートをもらえなかった人が傷つく」「廃棄されるチョコレートも多い」「時間や労力がかかる」「本来のバレンタインデーの意味とはかけ離れている」「日本にはイベントがあり過ぎる」といったものがあります。ＩＰＥパラダイムを用いて、ある主張に対する根拠を可能な限り自分で考えた後に、「他の人の考え」としてこうした根拠を呈示するわけです。問題を変えながらこの手続きを繰り返すことで発想量も増加し、また、メタ認知的気づきも得られました[7]。

メタ認知を働かせるための基礎力として、いろいろな可能性を考える力を伸ばすことが重要であると言えます。それゆえ、柔軟な態度で、さまざまな考え方の可能性を探る創造的思考のトレーニングは、大きな役割を果たすと考えられます。

メタ認知を促すためにも、ふだんからできるだけ多面的な考え方をする習慣をつけておくことが役立つでしょう。

失敗事例の分析でメタ認知を働かせる

誰しも失敗することは嫌でしょうし、避けたいと思うでしょう。でも、メタ認知について言うならば、失敗ほど役立つものはありません。なぜなら、「どうしてうまくいかなかったのだろう?」「どうすればよかったのだろう?」と真剣に考えるきっかけになるからです。失敗をふり返り分析することは、メタ認知を働かせることにつながります。まさに、「失敗はメタ認知の母」なのです。

たとえば、ある問題がうまく解けなかった時、「なぜ解けなかったのか」をきちんとふり返り、教訓を導き出して今後に活かす「教訓帰納」という方法がありますが[8]、自分の失敗だけでなく、他の人の失敗も、おおいにメタ認知を促してくれます。学校での学習以外にも、職場での失敗、コミュニケーションの失敗、文書作成の失敗など、さまざまな失敗に対して、観点を明確にした分析を行うことでメタ認知が働きやすくなり、結果として今後の失敗を減らすことにつながります。

次に、演習等で用いることのできる失敗の活用事例を、いくつかご紹介したいと思います。

（1）不十分な説明の分析と補完

これは、あえて「不十分な説明」を教材とし、説明において不足している情報を見つけ出す演習です。各個人で不足情報を列挙した後に、グループでの話し合いを経て、不足情報を補った説明を作成するという活動を含めてもよいでしょう。とかく自分の説明を対象化し、欠陥を見抜くことは難しいのですが、他者の説明の失敗事例については、問題点が見えやすいものです。つまり、メタ認知が働きやすいのです。

たとえば、先述の淀商業高校や私の授業で用いた教材の一例として、ご参考までに次の問題を挙げておきます。

〈スリムスリム問題〉

ダイエット食品「スリムスリム」についての、以下の説明において不足している情報を挙げてください。

「スリムスリムはたいへん安全な食品です。そして、その絶大な効果は多くの人が認めています。インタビューの結果も、完全にこれを裏づけています。また、今月中は特別割引セール期間につき、六箱お買い求めになると通常の二五パーセント引きの上に、さらに一箱おつけします。さらに六箱追加されるごとに、三〇パーセント、三五パーセント……となり、最大五〇パーセントまで増えます。さあ、今すぐ、0120-xxxxxx までお電話ください」

この説明において不足している情報は何かを、鳴門教育大学教職大学院の授業で考えてもらい、受講者三〇名の解答を整理しました[9]。

「スリムスリム問題」で不足情報として挙げられたもの

①一箱が何日分か
②スリムスリムの形態
③スリムスリムの摂取法
④スリムスリムの定価（税込み）
⑤スリムスリムの料金の支払い方法（一括払いか分割払いかなど）
⑥スリムスリムの販売元

⑦「安全な食品」であるという根拠
⑧「絶大な効果」とはどのような効果か
⑨「多くの人」の具体的な人数
⑩「インタビュー」の対象と内容
⑪「今月中」とは何年何月か
⑫「通常の」とは「通常価格の」なのか、「通常割引の」なのか
⑬六箱ごとに一箱必ずつくのか、それとも六箱以上はいくら買っても一箱だけしかつかないのか
⑭一二箱買った場合、最初の六箱が二五パーセント、追加の六箱が三〇パーセント割引されるのか、それとも一二箱すべてが三〇パーセント割引されるのか
⑮「今すぐ」とはいつ電話してもよいのか（受付時間帯、受付期間）

これらの解答は、次の三種類に分けることができます。

- 情報欠落：必要な情報が抜け落ちている（①〜⑥）

- 根拠・裏づけ不明：主張の根拠や具体的な裏づけが不明である（⑦〜⑩）
- 表現の曖昧さ（多義性）：意味を一義的に限定せず複数の解釈可能性を残している（⑪〜⑮）

この中で、最も気づきにくいものは、表現の曖昧さ（多義性）でした。これは、私たちが一度ある解釈をしてしまうと、別の解釈もあり得るということに気づきにくくなることを表しています。

この演習では、次のような感想が寄せられました。

一見よくわかりそうな文でも、気をつけて読むと情報として足りない部分がたくさんあることに気づきました。受け手の視点を意識して説明しないと相手には十分伝わらないということから、学校現場で、子どもたちや保護者にいろいろなことを説明する時には、その点に気をつけながら説明していきたいと感じました。また、スリムスリムのような、情報が十分でない広告を最近見かけることも多いので、受け手として視点をきちんと持って、怪しいところについてはきちんと調べるなど、後で自分が困らないようにしていくことも大事だと思いました。子どもたちにとっても、これから生きていく上で必要になってくる力だと考えます。

(2) コミュニケーション学習における誤解事例の分析

日常に役立つコミュニケーションの教育は、講義だけではなく、事例に即して具体的に考える演習が欠かせません。

この演習では、受講者が実際に経験した誤解のうち、なんらかのトラブル（ネガティブな感情や不都合・損失の発生）を招いたものを取り上げ、誤解事例分析シートを用いて分析しました。[10] 分析を通して、誤解を生むコミュニケーションに対するメタ認知が促進されます。誤解事例分析シートとは、失敗事例分析法をコミュニケーションの失敗に焦点化して作成したシートです。コミュニケーションの「失敗事例分析法」を特に、誤解事例分析法と呼びますが、そのためのワークシートが誤解事例分析シートです。

一見単純に見える誤解にも、さまざまな背景事情があるものです。同様の誤解を何度も繰り返さないためには、そうした背景事情も併せて意識化・言語化することが必要です。また、失敗をふまえて今後はどうすればよいのかを考えることも大切です。このようにメタ認知を

表6　誤解事例分析シートの記入例

①誤解を生んだ言葉	「一人前500円でできますか？」
②状況や前後の文脈	部活のメンバーのお弁当をまとめて注文しようとした時
③送り手の意図した意味	「消費税込みで、一人前500円でできますか？」
④受け手の解釈	「消費税抜きで、一人前500円でできますか？」
⑤誤解が招いた結果	部活のメンバーから、追加徴収しなければならなくなった（送り手の不都合）
⑥誤解の原因	「消費税込みで」を省略したことが伝わらなかった
⑦今後の対策	「消費税込みで」を省略せずにはっきり言う

促すためには、具体的な「仕掛け」が役立ちます。

そこで、誤解の結果および原因に加えて、状況や前後の文脈、送り手の意図した意味と受け手の解釈、さらには今後の対策といった項目も含めた誤解事例分析シートを用います（表6）。各自の誤解経験をふり返り、グループやクラスで共有することによって、学習の深まりが期待できます。

事例が込み入っていて、自力でシートが埋められない場合もありますが、そんな時にはグループの仲間と相談します。みんなであれこれと知恵を出し合っていくと、目から鱗が落ちる場合もあります。自分の失敗はメタ認知しにくくても、他者の失敗は客観的にとらえることができるからです。年齢を問わず、このグループワークは、けっこう盛り上がるようです。

グループで、あるいはクラス全体で誤解事例を集めてみると、見かけは違っていても同様の原因から生じた誤解があることに気づきます。たとえば、表６の誤解では、自分には当然と思われる情報を省略したことが原因ですが、こうした省略が招く誤解は、よく起こるものです。

個々の事例からいくつかの共通項を見出せば、「このような場合にこのような誤解が起こりやすい」という一般原則を導くことができます。自分の失敗例だけではなく、仲間とともに多くの事例を持ち寄れば、誤解パターンの一般化が容易になります。これは、第３章に出てきた脱文脈化を行うことであり、今後に向けての応用力につながります。

過去の失敗をメタ認知レベルでとらえ直すことで、ある程度は、誤解を未然に防ぐことができるようになります。

ある受講生は、次のような感想をレポートに記してくれました。

誤解について、その背景にあるものについて学び、今まで自分が経験してきた誤解が、それぞれどのような背景や原因からそうなったのかよくわかりました。私は、よくないことや失敗してしまったことをすぐ忘れてしまうので、誤解事例について思い出せるものはありませんでした。しかしその後、思い込みから相手の話をあまり聞かずに誤解をし、自分が相手の質問した内容に合わない答を返してしまったことがあり、授業で学習したことを思い出して、次からは自分の思い込みを少しずつでもなくしていき、相手の意見を最後まで聞いて判断しようと思いました。この誤解についての授業がなければ、これまでのように、この出来事を簡単に忘れてしまったかもしれません。誤解は時として、相手の気持ちを不快にさせたり、自分を不利な状況に立たせてしまったりすることもあり得ると思うので、これから気をつけていきたいと思いました。

(3) 安全学習における失敗事例の分析

企業内の社内研修においては、これまでの座学中心の進め方が見直されています。たとえば、事故を未然に防ぐための安全学習において、安全意識を高めるために、講師が他者の事故事例（失敗事例）を呈示するという方法がしばしば用いられますが、これだけでは十分な効果が望めません。単に他の失敗事例を見るだけで終わってしまうと、やはり学習効果に限界があります。

そこで、「よそごとではなく自分ごと」として参加者にとらえてもらうために、失敗事例

表７　安全学習で用いた失敗事例分析シートと想定される記入例

①起きたトラブル	Ａさんが、トイレ個室内の鎖錠金具突起部で頭部を打撲した
②トラブルにつながった行動	清掃を終え、しゃがんだ姿勢から勢いよく立ち上がった
③その場の状況	• トイレ個室内は狭かった • トイレ個室内で清掃を終えた直後だった • ドアの鎖錠金具の突起に気づかなかった
④なぜ②の行動をとったと思うか	• しゃがまないと清掃ができなかった •「頭をぶつけるものがある」というリスクが想定外だった • 慣れた業務なので安全確認を怠った

に対するメタ認知を促すことが必要だと考えられます。ここでも、先ほどの失敗事例分析法を応用することができます[11]。

たとえば、研修の中で、次のような打撲事故の事例を呈示し、事例についての分析を求めます。「清掃担当者がオフィスビルのトイレ個室内の清掃を終えて立ち上がる際に、ドアの鎖錠金具の突起部で頭部を打撲した」という内容の事例文を読み、この事例を分析して、さらに自分の業務に潜む類似のリスクを想起するという展開です。ここで用いた失敗事例分析シートは、表７のようなものでした。

まず、失敗事例といくつかの質問事項を記したワークシートを参加者に配布しておきます。各自で事例文を読んだ後、二〜三人の協働作業により事例分析を行い、その後、各個人作業に戻り、「自分の業務との類似点」を考え記述します。講師は回答例を紹介し、他の回答があれば発表を促し共有します。一事例につき三〇～四〇分程度をかけて、複数事例について検討を行います。このような失敗事例分析グループと、事例文をただ読むだけのグループに対して、二週間後に、研修で扱った事例の内容や方法が業務に役立ったと感じることについて自由記述で回答を求めると、分析グループでは読むだけのグループに比べて、研修で紹介された事例を自分の実際の業務の中で活かしている記述が、はっきりと多く出現していました。このことから、他者の失敗事例を読むだけではなく分析することでメタ認知が働き、自身の業務とのつながりを考えて、今後に活かしやすくなったと考えられます。

通常、学びの教材として用いられるのは、お手本となるような成功事例がほとんどだと思います。もちろん、優れた事例を見ておくことは学びに役立つでしょう。しかし一方で、私たちがより多く学べるのは、うまくいかなかった事例すなわち失敗事例からではないかと感じています。失敗事例について、どこがどのようによくないのかを真剣に考える時、メタ認知が働き学びを促すのではないでしょうか。自分の失敗だけではなく、他者の失敗事例であっても、人ごとではなく自分ごととしてとらえ、「どうすべきだったのか」「自分ならどうするか」と考えることで、失敗を糧にすることができます。

失敗を悪者扱いせず、メタ認知のための貴重な材料として、最大限活用しようという姿勢が大切です。失敗は、扱い方によっては、最高の教材となり得るのです。

不適切なメタ認知を見直す

私たちはメタ認知的知識を他者から教えられる場合もありますが、日常経験を通して自らメタ認知的知識を獲得することもあります。多くの人々が経験から学んだメタ認知的知識は、素朴心理学と呼ばれることもあり、これは、しばしば諺《ことわざ》に反映されます。「去る者は日々に疎し」「老犬は芸を覚えず」などはその例です。しかし、諺の中には、相反する内容のものもあります。たとえば、「離れればいとしさ募る」「学ぶに遅過ぎることはなし」といった諺は、先ほど紹介した諺とは、内容が矛盾しています。

そうした矛盾が生じるのは、素朴心理学が学問としての心理学に比べて大らかであり、その内容が成り立つための条件を考慮せず、多くの事例との整合性にあまり注意を払わないためでしょう。この点が、素朴なメタ認知的知識の限界とも言えます。

どのようなメタ認知的知識を持っているかによって、私たちの判断は違ってきます。たとえば、「老犬は芸を覚えず」というメタ認知的知識に基づけば、「自分は老人なのだから、何かを新しく学ぶには、もう手遅れなのだ」と諦めてしまうでしょう。一方、「学ぶに遅過ぎることはなし」と信じていれば、高齢者でも希望を持って学ぶことができます。

メタ認知的知識は個人的なものであり、たとえ不適切なメタ認知的知識を持っていたとしても、他者に影響を及ぼすことは少ないかもしれません。ところが、立場によっては、そうとは言えなくなります。

たとえば、教師の立場にある人が「何かを説明すれば、相手は必ず理解できるはずだ」と考えていると、困ったことになるでしょう。また、犯罪捜査に携わる人が「記憶への確信度が高ければ、その記憶は正確なはずだ」と信じていれば、とんでもないことになります。これは、事件の目撃者が「自分の記憶には絶対の自信がある」と言った場合に、その人の目撃証言（供述）を鵜呑みにするという結果を招きかねないからです。

あるメタ認知的知識が強固なものである場合には、メタ認知的信念と呼ぶことができます。この信念を覆すことは、容易ではありません。とは言え、誤った判断を招いてしまうメタ認知的信念は、やはり修正する必要があります。では、いったいどうすれば、不適切なメタ認知的信念を正すことができるのでしょうか。

最も効果的な方法は、そのメタ認知的信念では説明がつかない出来事を体験してもらうことでしょう。たとえば、「何かを説明すれば、相手はそれを理解できるはずだ」というメタ認知的信念を持つ新人教師がいたとしても、実際に教職経験を積めば、それが当てはまらない事例に嫌と言うほど直面し、その信念はあっさりと捨てられるでしょう。また、第3章で紹介したように、「どうせ自分にはできない」と信じ込んでいる生徒には、ほんの少し手助けをして、「できる」という体験を何度もさせてあげればよいのです。

その意味では、創造的思考のトレーニングのように、できないと思っていたことがトレーニング後にはけっこうできるようになっていたという経験は、「やれば（ある程度は）できるようになる」というメタ認知的信念への移行を強く促してくれます。事前テストと事後テストの比較、あるいはトレーニング・セッションでの伸びは、本人のメタ認知的信念を改善するための、何よりの証拠となるでしょう。まさに、「論より証拠」です。

知識だけではありません。メタ認知的モニタリングがまちがっていることもあります。たとえば、ある学習方略を効果的だと思い込み、その効果をモニターしているつもりでも、メタ認知的モニタリングがうまくできていない場合があります。すると、「うまくいっているから、今後もこの方略を使おう」というメタ認知的コントロールが働いてしまい、方略の見直しができなくなります。学習方略にはさまざまなものがあり、すべての方略が、そのままの形で、誰にとっても、あるいはどんな場合にも有効というわけではありません。場合によっては、その人に応じた修正が必要なのですが、その見極めに失敗してしまうと、効果は望めません。教授方略にもまた、同じことが言えます。

また、少々やっかいなことに、私たちには変化に気づきにくいという傾向があります。そのため、「昔はこれでうまくいった」という方略を、状況が変化した後も、ずっと使い続けてしまうこともあるわけです。

メタ認知を働かせているというのは、認知活動について考えている状態です。たとえば、思いついたことをノーチェックでそのまま話すのは、話すという認知活動を行ってはいても、メタ認知を働かせているとは言えません。話す際に、「この言い方でうまく相手に伝わるだろうか」と考えるならば、これは一応メタ認知を働かせていることになります。ところが、伝わる話し方をしていないにもかかわらず、「これで大丈夫だ」と思ってしまうのは、メタ認知的モニタリングに失敗している状態です。メタ認知を一応働かせてはいるものの、それが不適切だというケースがあるのです。

こうした不適切なメタ認知を正すものは、メタ認知よりさらにもう一段上の「メタメタ認知」と呼ばれるものです。もしかすると、あなたは、「メタ認知でさえ難しいのに、まだその上にメタメタ認知があるのか」「メタメタ認知が誤っていたらどうなるのか」「メタメタ認知を正すのは、メタメタメタ認知か」と考え込んでしまうかもしれません。

たしかに、理屈の上では、メタの階層は果てしなく続きます。ところが、実際に考えることのできるメタの階層には、自ずと限界があります。私たちの認知資源を考慮すれば、とりあえずメタメタ認知くらいまでを考えておけばよいでしょう。

時折、面接などでメタ認知を過度に働かせたために沈黙してしまい、流暢に話せなくなるという悩みを聞くことがありますが、黙りこんでいるよりは、「まだ考えが十分まとまらないのですが」「表現が難しいのですが」といった言葉を補いながら、話を続けた方がよいでしょう。そもそも、メタ認知をいつ発動するかという判断は大切です。友人と血液型占い（星座占いでも動物占いでも、何でもいいのですが）の話で盛り上がっている時に、わざわざメタ認知を働かせて話に水を差す必要もないでしょう。

肝心なことは、少し時間をかけて慎重な判断をする時に、メタ認知を正しく働かせることができるように、自分の中で準備しておくことだと言えるでしょう。

本章のまとめ

- 探求を奨励する環境がメタ認知を育む
- メタ認知はアウトソーシング可能である
- 認知資源が他のことに消費されると、メタ認知が働きにくくなる
- 他者との意見交換を交えた意見文作成はメタ認知を促す
- 創造的思考のトレーニングがメタ認知に役立つ
- 失敗事例の分析がメタ認知を発動させる
- 不適切なメタ認知は、メタメタ認知で修正できる

終章では、これまでの内容をまとめるとともに、私たちがメタ認知を行うのは何のためなのかという問題について、私の考えを述べたいと思います。

終　章　メタ認知は何のために

本書では、メタ認知で頭をよくすることができるとの観点から、メタ認知論を展開してきました。

まず、私たちの思い違いをメタ認知で正すことができるということ、これが一つ目のポイントです。人間である限り、記憶や理解、思考において、しばしば思い違いをするのは自然なことです。しかしながら、思い違いをしたままでは困る場合もあります。そこで、必要な時に、これを正すのがメタ認知の働きです。

さらに、メタ認知を使って工夫することで、よりよく学ぶための頭の働きをよくする、つまり頭をよくすることができるということ、これが二つ目のポイントです。この工夫の中には、記憶や理解、思考といった認知的側面に働きかけるものと、感情や動機づけといった非認知的側面に働きかけるものとがあります。

そして、三つ目のポイントとして、環境の力でメタ認知の力を伸ばすことができるということです。ここで言う環境とは、人的環境の他に物理的・化学的環境、そしてトレーニングなどの教育介入をも含みます。

多くの人々は、自分の頭脳の潜在力に気づいていませんし、また、これを十分に発揮していません。たとえて言えば、未発掘の貴重な資源が、頭の中にひっそりと埋蔵されているような状態です。これを掘り起こしてくれるものが、メタ認知です。せっかくの資源を有効活用して、頭の働きがもっとよくなれば、私たちが抱えている問題が、解決しやすくなるのではないでしょうか。

私たちが抱える問題には、いろいろなレベルがあります。中高生ならば、学業成績や友人関係の問題が大きいでしょう。大学生・大学院生ならば、これに加えて、研究や就職に関する問題があるかもしれません。職業人・家庭人としての顔を持つようになると、自分のことだけでなく、社会生活や周りの人々についての問題に頭を悩ませることもありそうです。また、こうしたライフステージとは別の観点に立つと、個人的な問題から地域の問題、国内の問題、そして地球規模の問題まで、さまざまなスケールの問題が考えられます。

さて、ここでもう一度、原点に立ち返り、頭のよさについて考えてみたいと思います。

「頭のよさ」という言葉は、日常用語としては、学業成績の高さや職場での仕事の効率のよさについて用いられることが多かったように思います。また、場合によっては、うまく立ち回って成功を手に入れる力というような、少しネガティブな意味合いで使われることがあったかもしれません。

しかしながら、頭のよさ（「賢さ」と言い換えてもよいでしょう）には、より本質的な意味があります。それは、第2章でも述べたように、「学ぶ力」「適応的に生きていくために、学んだことを活かす力」です。上手に学ぶことに加えて、学んだことを活用しながら社会に適応し、さらには社会をよい方向に変えていく力です。

何事も前例に倣っておけば、あるいは優れたリーダーに任せておけば安心という時代は過ぎ去りました。変化の激しい不確実で先行きの不透明な社会の中で、自分自身や社会が存続していくためには、一人ひとりの的確な判断力が求められます。巷《ちまた》にあふれる玉石混淆《こんこう》の情報を吟味し、きちんと判断して、直面する問題の解決に役立てるための賢さが問われます。考えることを人任せにしていると、そのツケは、やがて大きく膨らんで自分や社会に返ってくるでしょう。

そうならないためには、私たち一人ひとりが、上手に学びながら頭をよくしておくことが役立つのではないでしょうか。そして、それを根幹で支えるものがメタ認知なのです。

メタ認知は、個人の頭の中だけで完結すべきものではありません。他者から刺激を受け、気づきを促され、また、指摘を受けて育っていくものです。異なる思考スタイルや知識・スキルを持つ人々が、互いの弱点を補い合い、それぞれの得意なことを持ち寄って協調していくことを支えてくれるのもメタ認知です。こうした広い意味での適応のために、メタ認知が必要なのです。

では、こうすれば「直ちに」メタ認知ができるようになるという、特効薬のようなものはあるのでしょうか？　残念ながら、それはありません。本書に即効性のある方法を期待された読者には申し訳ないのですが、メタ認知能力は、一朝一夕に高まるものではありません。人間の認知の脆さ・危うさを受け入れた上で、それをどう補えるのかを日々考えていく中で育つものと言えるでしょう。それはまた、よりよく生きていきたいという願いに支えられて、工夫を凝らす習慣から生まれるものでもあるでしょう。

最後に、「メタ認知の適切さ」について、再度、考えておきたいと思います。第5章で、不適切なメタ認知を見直すことについて述べました。自分の可能性を見限ってしまったり、不正確な証言（より広くは、情報）を、証言者（より広くは、発信者）の強い確信ゆえに信じ込んでしまったりすること、あるいは、認知活動の改善すべき点を見落としてしまったりすることなどを見直しの対象として挙げました。これらは、あくまでも「不適切」であるがゆえに見直しが必要なものです。

では、メタ認知は、常に「客観的な正しさ」を追い求めるものなのでしょうか？　たとえば、自分の可能性や、自分に向けられた他者の言動の意図を理解する際には、「客観的事実に基づく正しい理解」に到達できるようにメタ認知を働かせるべきなのでしょうか？　私は、必ずしもそうとは思いません。理解という言葉を用いましたが、正確には、予測や推測と言うべきでしょう。なぜなら、自分の可能性は、多くの部分が未知数であり、他者の言動の意図解釈も、推測の域を出ないからです。

自分の可能性を「この程度しかない」と予測し決めつけてしまうと、その予測が現実となるでしょう。したがって、少し楽観的に、「もっとできるかもしれない」と考えておく方が、結果をよくすることができるのです。効力感が結果に影響を及ぼすため、ポジティブな予測は、ポジティブな結果を招くことが多いものです。

また、他者の言動の意図についても、同様のことが言えます。「どうせ悪意で言ったのだろう」「どうせ意地悪でこんな行動をとったのだろう」と解釈すると、嫌な気持ちになり、相手に対する言動にも、それが反映されます。逆に、「もしかしたら、好意的な（あるいは、少なくとも悪意ではない）意図からの言動かもしれない」と解釈したならば、ネガティブな感情を持たずに済みます。一見ネガティブに見える言動、あるいは出来事であっても、第4章で述べた通り、どのように解釈するかで、今後に及ぼす影響は、大きく違ってくるのです。

メタ認知はもともと、自分の認知（特に記憶や理解など）を客観的にとらえ直し、「認知の誤りや歪みを正す」という意味合いで用いられることの多い概念です。しかし、正解・不正解が明確に分かれる記憶や理解の問題とは異なり、出来事の解釈、つまり、その出来事が自分にとってどのような意味を持つのかは正解のない問題であり、いかようにも解釈できます。そこで、「出来事の解釈」に対してメタ認知を働かせるということは、次のように言えるでしょう。

たとえ一見ネガティブに思える出来事であっても、他の解釈の可能性を柔軟に探り、その中で自分の気持ちを楽にする解釈を暫定的に採択することによって、よりよい対応ができ、望ましい結果につながりやすい。このことを理解しておくことも、また、メタ認知である。

「適応」の観点からは、このような方向でメタ認知をとらえてもよいのではないでしょうか。このことは、第2章で紹介したガードナーの対人的知能や、メイヤーらの感情の知能に通じるものと考えられます。私たちが適応的な行動をとるためには、そして現実をよりよい方向に変えていくためには、メタ認知が非常に役立つと私は考えています。

メタ認知をうまく使って、私たち一人ひとりが、自分にとって生きやすい環境を築くことで自分の力を伸ばしながら、同時にまた社会全体を、多面的な意味で幸せな方向に向かわしめることができれば……という願いを込めて、本書の執筆を終えたいと思います。

謝辞：

中央公論新社の次の方々には、大変お世話になりました。吉岡宏様には執筆を熱心にお誘いいただき、企画を実現していただきました。山田有紀様には、温かい励ましと有益なコメントをいただきました。そして、塚本雄樹様には、仕上げに向けて本当にさまざまなサポートをいただきました。お三方に心よりお礼申し上げます。最後に、非常に丁寧な校閲を行ってくださった校閲者の皆様にも感謝いたします。

Review of Psychology, 52, 1-26.
13. Metcalfe J., & Greene, M. J. (2007) Metacognition of agency. *Journal of Experimental Psychology: General, 136*, 2, 184-199.
14. Zimmerman, B. J. (1990) Self-regulated learning and academic achievement: An overview. *Educational Psychologist, 25*, 3-17.

第５章

１. Sannomiya, M., & Ohtani, K. (2015) Does a dual-task selectively inhibit the metacognitive activities in text revision? *Thinking Skills and Creativity, 17*, 25-32.
２. 永野重史（編）(1985)『道徳性の発達と教育　コールバーグ理論の展開』 新曜社
３. 三宮真智子（2007)「メタ認知を促す「意見文作成授業」の開発　他者とのコミュニケーションによる思考の深化を目指して」鳴門教育大学高度情報研究教育センター・テクニカルレポート、No.1.
４. 山口洋介・三宮真智子（2013)「タイピング思考法の開発とその有効性の検討」日本教育工学会論文誌、*37*, 113-116.
５. Sannomiya, M., & Yamaguchi, Y. (2016) Creativity training in causal inference using the idea post-exposure paradigm: Effects on idea generation in junior high school students. *Thinking Skills and Creativity, 22*, 152-158.
６. Sannomiya, M., Mashimo, T., & Yamaguchi, Y. (2021) Creativity training for multifaceted inferences of reason behind others' behaviors. *Thinking Skills and Creativity, 39*, Article 100757. https://doi.org/10.1016/j.tsc.2020.100757.
７. 西森章子・三宮真智子（2018)「主張を支える根拠産出トレーニングの開発」読書科学、*60*, 4, 215-229.
８. 市川伸一（編著）(2014)「学力と学習支援の心理学」放送大学教育振興会
９. 三宮真智子（2009)「説明に対するメタ認知能力を高めるための「不完全な説明」教材導入の試み」鳴門教育大学情報教育ジャーナル、*6*, 25-28.
10. 三宮真智子（2008)「コミュニケーション教育のための基礎資料　トラブルに発展する誤解事例の探索的検討」日本教育工学会論文誌、*32* (suppl.), 173-176.
11. 畑岡真紀子・三宮真智子（2019)「他所の失敗事例を活用した安全学習トレーニングの開発」日本心理学会第83回大会発表論文集、1008.

31. 鈴木健太郎・三嶋博之・佐々木正人（1997）「アフォーダンスと行為の多様性―マイクロスリップをめぐって―」日本ファジィ学会誌、*9*, 6, 826-837.
32. Britton, B. K., & Tesser, A. (1991) Effects of time-management practices on college grades. *Journal of Educational Psychology, 83*, 3, 405-410.

第4章

1．伊藤美奈子（2009）『不登校　その心もようと支援の実際』金子書房
2．高井範子（2008）「青年期における人間関係の悩みに関する検討」太成学院大学紀要、*10*, 27, 85-95.
3．三宮真智子（2004）「思考・感情を表現する力を育てるコミュニケーション教育の提案　メタ認知の観点から」鳴門教育大学学校教育実践センター紀要、*19*, 151-161.
4．Brothers, L. (1990) The social brain: A project for integrating primate behavior and neurophysiology in a new domain. *Concepts in Neuroscience, 1*, 1, 27-51.
5．Humphrey, N.K. (1976) The social function of intellect. In P. P. G. Bateson, & R. A. Hinde (Eds.), *Growing points in ethology*. Cambridge: Cambridge University Press, 303-317.
6．Dunbar, R. I. M. (1998) The social brain hypothesis. *Evolutionary Anthropology, 6*, 178-190.
7．Csikszentmihalyi, M. (1996) *Creativity: Flow and the psychology of discovery and invention*. New York: HarperCollins.
8．Ritter, S. M., & Ferguson, S. (2017) Happy creativity: Listening to happy music facilitates divergent thinking. *PLoS ONE, 12*, 9, e0182210. https://doi.org/10.1371/journal.pone.0182210.
9．Ziv. A. (1976) Facilitating effects of humor on creativity. *Journal of Educational Psychology, 68*, 3, 318-322.
10. Seligman, M. E. P., & Maier, S. F. (1967) Failure to escape traumatic shock. *Journal of Experimental Psychology, 74*, 1, 1-9.
Hiroto, D. S., & Seligman, M. E. P. (1975) Generality of learned helplessness in man. *Journal of Personality and Social Psychology, 31*, 2, 311-327.
11. Dweck, C. S. (1986) Motivational processes affecting learning. *American Psychologist, 41*, 10, 1040-1048.
12. Bandura, A. (2001) Social cognitive theory: An agentic perspective. *Annual*

か一聞き手の有無が与える影響一」教育心理学研究、*57*, 86-98.
18. Osborn, A. F. (1953) *Applied Imagination*: Principles and procedures of creative problem solving. New York: Charles Scribner's Sons.
19. Fujihara, N., & Sannomiya, M. (2002) Does turn-taking behavior in a dialogue facilitate idea generation in learning? *International Journal of Learning, 9*, 1215-1220.
20. Matarazzo, J. D., Wiens, A. N., Saslow, G., Allen, B. V., & Weitman, M. (1964) Interviewer mm-hmm and interviewee speech durations. *Psychotherarpy, 1*, 3, 109-114.
21. Sannomiya, M., Kawaguchi, A., Yamakawa,I., & Morita, Y. (2003) Effect of backchannel utterances on facilitating idea-generation in Japanese think-aloud tasks. *Psychological Reports, 93*, 41-46.
22. 三宮真智子 (2004)「コプレズンス状況における発想支援方略としてのあいづちの効果　思考課題との関連性」人間環境学研究、*2*, 1, 23-30.
23. 三宮真智子・山口 洋介 (2019)「発想に及ぼすあいづちの種類の効果」心理学研究、*90*, 3, 301-307.
24. Sannomiya, M., Shimamune, S., & Morita, Y. (2000) Creativity training in causal inference: The effects of instruction type and presenting examples. Poster presented at the 4th International Conference on Thinking, University of Durham.
25. Baron, J. (1995) Myside bias in thinking about abortion. *Thinking & Reasoning, 1*, 3, 221-235.
26. Latané, B., Williams, K., & Harkins, S. (1979) Many hands make light the work: The causes and consequences of social loafing. *Journal of Personality and Social Psychology, 37*, 6, 822-832.
27. Janis, I. L. (1972) *Victims of groupthink*. Boston: Houghton Mifflin.
28. 辻村壮平・上野佳奈子 (2010)「教室内音環境が学習効率に及ぼす影響」日本建築学会環境系論文集、*75*, 653, 561-568.
29. 金子隆昌・村上周三・伊藤一秀・深尾仁・樋渡潔・亀田健一 (2007)「実験室実験による温熱・空気環境の質が学習効率に及ぼす影響の検討一学習環境におけるプロダクティビティ向上に関する研究（その２）一」日本建築学会環境系論文集、*72*, 611, 45-52.
30. Ehrlichman, H. & Bastone, L. (1991) Odor experience as an affective state : effects of odor pleasantness on cognition. *Perfumer & flavorist, 1*, 16, 2, 11-12.

to rapidity of habit-formation. *Journal of comparative neurology and psychology, 18*, 459-482.

6. Diamond, D. M., Campbell, A. M., Park, C. R., Halonen, J., & Zoladz, P. R. (2007) The temporal dynamics model of emotional memory processing: A synthesis on the neurobiological basis of stress-induced amnesia, flashbulb and traumatic memories, and the Yerkes-Dodson Law. *Neural Plasticity*, Article ID 60803, 33 pages.
7. Bransford, J. D., & Johnson, M. K. (1972) Contextual prerequisites for understanding: Some investigations of comprehension and recall. *Journal of Verbal Learning and Verbal Behavior, 11*, 717-726.
8. J. ブランスフォード・B. スタイン（著）、古田勝久・古田久美子（訳）(1990)『頭の使い方がわかる本　問題点をどう発見し、どう解決するか』　ＨＢＪ出版局
9. Stein, B. S., Bransford, J. D., Franks, J. J., Vye, N. J., & Perfetto, G. A. (1982) Differences in judgments of learning difficulty. *Journal of Experimental Psychology: General, 111*, 4, 406-413.
10. Gick, M. L., & Holyoak, K. J. (1980) Analogical problem solving. *Cognitive Psychology, 12*, 306-355.
11. Resnick, L. B. (1989) Introduction. In L. B. Resnick (ed.), *Knowing, learning, and instruction: Essays in honor of Robert Glaser.* Hillsdale, NJ: Lawrence Erlbaum Associates.
12. Roediger III, H. L., & Karpicke, J. D. (2006) The Power of testing memory: Basic research and implications for educational practice. *Perspectives on Psychological Science, 1*, 3, 181-210.
13. Szpunar, K. K., McDermott, K. B., & Roediger III, H. L. (2007) Expectation of a final cumulative test enhances long-term retention. *Memory & Cognition, 35*, 5, 1007-1013.
14. 三宮真智子（2002）『考える心のしくみ　カナリア学園の物語』北大路書房
15. Palincsar, A. S., & Brown, A. L. (1984) Reciprocal teaching of comprehension-fostering and comprehension-monitoring activities. *Cognition and Instruction, 1*, 2, 117-175.
16. Chi, M. T. H., De Leeuw, N., Chiu, M. H., & Lavancher, C. (1994) Eliciting self-explanations improves understanding. *Cognitive Science, 18*, 439-477.
17. 伊藤貴昭・垣花真一郎（2009）「説明はなぜ話者自身の理解を促す

viewpoints on its nature and definition. NJ: Ablex Publishing Corporation, 155-162.

8. Sternberg, R. J. (1985) *Beyond IQ: A triarchic theory of human intelligence.* New York: Cambridge University Press.
9. Sternberg, R. J. (1986) *Intelligence Applied: Understanding and increasing your intellectual skills.* San Diego: Harcourt Brace Jovanovich.
10. Sternberg, R. J. (1996) *Successful Intelligence: How practical and creative intelligence determine success in life.* New York: Simon & Schuster.
11. H. ガードナー（著）、松村暢隆（訳）(2001)『ＭＩ　個性を生かす多重知能の理論』新曜社
12. Mayer, J. D., Salovey, P., & Caruso, D. R. (2000) Models of emotional intelligence. In R. J. Sternberg (Ed.), *Handbook of human intelligence* (2nd ed.). New York: Cambridge University Press, 396-422.
13. D. ゴールマン（著）、土屋京子（訳）(1996)『ＥＱ～こころの知能指数』講談社
14. Matthews, G., Zeidner, M., & Roberts, R. D. (2005) Emotional intelligence: An elusive ability? In O. Wilhelm & R. W. Engle (Eds.), *Handbook of understanding and measuring intelligence.* London: Sage Publications, 79-99.
15. Pretz, J. E., & Sternberg, R. J. (2005) Unifying the field: Cognition and intelligence. In R. J. Sternberg & J. E. Pretz (Eds.), *Cognition and intelligence.* New York: Cambridge University Press, 306-318.
16. Williams, W., Blythe, T., White, N., Li, J., Sternberg, R. J., & Gardner, H. (1996) *Practical intelligence for school.* New York: Harper Collins.

第3章

1. 鈴木博之・内山真（2006）「睡眠と記憶向上」*Brain Medical, 18*, 1, 73-79.
2. Wolfson, A. R., & Carskadon, M. A. (1998) Sleep schedules and daytime functioning in adolescents. *Child Development, 69*, 4, 875-887.
3. Aserinsky, E., & Kleitman, N. (1953) Regularly occurring periods of eye motility, and concomitant phenomena, during sleep. *Science, 118*, 273-274.
4. Boyce, R., Glasgow, S.D., Williams, S., & Adamantidis, A. (2016) Causal evidence for the role of REM sleep theta rhythm in contextual memory consolidation. *Science, 352*, 6287, 812-816.
5. Yerkes, R. M., & Dodson, J. D. (1908) The relation of strength of stimulus

James, Piaget, and Vygotsky. *Educational Psychology Review, 20*, 373-389.
14. Dewey, J. (1933) *How we think*. New York: Heath and Company.
15. Schön, D. A. (1984) 'Leadership as Reflection-in-Action', in T. Sergiovanni & J. Corbally, *Leadership and Organizational Culture*, 36-63.
16. Atkinson, R. C., & Shiffrin, R. M. (1968) Human memory: A proposed system and its control processes. In K. Spence & J. Spence (Eds.), *The Psychology of learning and motivation, 2*, New York: Academic Press, 89-195.
17. Baddeley, A.D. (2000) The episodic buffer: a new component of working memory? *Trends in Cognitive Sciences, 4* , 11, 417-423.
18. Baddeley, A.D. (2007) *Working Memory, Thought, and Action*. Oxford University Press.
19. 苧阪直行（2007）「意識と前頭葉：ワーキングメモリからのアプローチ」心理学研究、*77*, 553-566.
20. 渡邊正孝（2008）「メタ認知の神経科学的基礎」 三宮真智子（編著）『メタ認知　学習力を支える高次認知機能』北大路書房、207-225.
21. Stone, V. E., Baron-Cohen, S., & Knight, R. T. (1998) Frontal lobe contributions to theory of mind. *Journal of Cognitive Neuroscience, 10*, 5, 640-656.

第２章

１. Sternberg, R. J. (2018) Theories of intelligence. *APA Handbook of giftedness and talent*, S. I. Pfeiffer (Editor-in-Chief), American Psychological Association, 145-161.
２. 内井惣七（2002）『科学の倫理学』（「現代社会の倫理を考える」〈６〉）丸善
３. 滝沢武久（1971）『知能指数　発達心理学からみたＩＱ』中公新書
４. Thurstone, L. L. (1938) Primary mental abilities. *Psychometric Monograph,* 1. Chicago: University of Chicago Press.
５. 梅本堯夫（1972）「知能観の変遷」 上出弘之・伊藤隆二（編）『知能　人間の知性とは何か』有斐閣双書、17-27.
６. Cattell, R. B. (1963) Theory of fluid and crystallized intelligence: A critical experiment. *Journal of Educational Psychology, 54, 1*, 1-22.
７. Sternberg, R. J. & Berg, C. A. (1986) Quantitative Integration: Definitions of intelligence: A comparison of the 1921 and 1986 symposia. In R. J. Sternberg & D. K. Detterman (Eds.), *What is intelligence?: Contemporary*

文 献

第１章

1. Flavell, J. H., Friedrichs, A. G., & Hoyt, J. D. (1970) Developmental changes in memorization processes. *Cognitive Psychology, 1*, 324-340.
2. Markman, E. M. (1977) Realizing that you don't understand: A preliminary investigation. *Child Development, 46*, 986-992.
3. Flavell, J. H. (1987) *Speculations about the nature and development of metacognition.* In F. E. Weinert & R.H. Kluwe (Eds.), Metacognition, motivation, and understanding. NJ: Lawrence Erlbaum Associates, 21-29.
4. 三宮真智子（2018）『メタ認知で〈学ぶ力〉を高める　認知心理学が解き明かす効果的学習法』北大路書房
5. Nelson, T. O., & Narens, L. (1994) Why investigate metacognition? In J. Metcalfe & A. P. Shimamura (Eds.), *Metacognition*, The MIT Press, 1-25.
6. 三宮真智子（2008）「メタ認知研究の背景と意義」 三宮真智子（編著）『メタ認知　学習力を支える高次認知機能』北大路書房、1-16.
7. Veenman, M. V. J., & Spaans, M. A. (2005) Relation between intellectual and metacognitive skills: Age and task differences. *Learning and Individual Differences, 15*, 159-176.
8. Piaget, J., & Inhelder, B. (1948) *La représentation de l'espace chez l'enfant.* F. L. Langdon & J. L. Lunzer, (Trans.) (1956) *The Child's Conception of Space.* Routledge & Kegan Paul.
9. 子安増生（2007）「心を読み取る　心の理論の発達」 内田信子・氏家達夫（編著）『発達心理学特論』放送大学教育振興会、95-107.
10. Wimmer, H., & Perner, J. (1983) Beliefs about beliefs: Representation and constraining function of wrong beliefs in young children's understanding of deception. *Cognition, 13*, 103-128.
11. レフ・セミョノヴィチ・ヴィゴツキー（著）、柴田義松（訳）(2001)『新訳版・思考と言語』新読書社
12. Wertsch, J. V., McNamee, G. D., McLane, J. B., & Budwig, N. A. (1980) The adult-child dyad as a problem-solving system. *Child Development, 51*, 1215-1221.
13. Fox, E., & Riconscente, M. (2008) Metacognition and self-regulation in

ラクレとは…la clef=フランス語で「鍵」の意味です。
情報が氾濫するいま、時代を読み解き指針を示す
「知識の鍵」を提供します。

中公新書ラクレ
755

メタ認《にん》知《ち》

あなたの頭《あたま》はもっとよくなる

2022年 2 月10日初版
2023年 5 月30日 3 版

著者……三宮《さんのみや》真《ま》智《ち》子《こ》

発行者……安部順一
発行所……中央公論新社
〒100-8152 東京都千代田区大手町 1-7-1
電話……販売 03-5299-1730　編集 03-5299-1870
URL https://www.chuko.co.jp/

本文印刷……三晃印刷
カバー印刷……大熊整美堂
製本……小泉製本

Published by CHUOKORON-SHINSHA, INC.
Printed in Japan　ISBN978-4-12-150755-6　C1237

中公新書ラクレ　好評既刊

L602
子どもの病気　常識のウソ
松永正訓 著

風邪は早めの風邪薬で治す？　真夜中の突然の発熱はコワイ？　インフルエンザの予防にワクチンは効かない？　食べる前に食物アレルギー検査をする？　どうして医学的な裏づけがない医療情報が、こんなに「常識」としてまかり通っているのでしょう。医学的な根拠がある治療でなければ子どもの健康は守れません。病院に駆け込む前に、ぜひ開いてほしい小児医療の実用本。読売新聞　オンライン（ＹＯＬ）ヨミドクターの大好評連載をまとめました。

L619
サラブレッドに「心」はあるか
楠瀬　良 著

「今日は走りたくないなあ」「絶好調！　誰にも負ける気がしない」など、レース前に馬が何を考えているかがわかったら――と思っている競馬ファンは多いことでしょう。残念ながら馬は人間の言葉を話してはくれませんが、その心理と行動に関する研究は日々進歩しています。本書では、日本一の馬博士がその成果を余すところなく紹介、「馬は何を考えているか」という難問に迫ります。さて、サラブレッドは勝ちたいと思って走っているのでしょうか？

L663
赤ちゃんはことばをどう学ぶのか
針生悦子 著

認知科学や発達心理学を研究する著者は、生後6～18ヶ月くらいの子ども、いわゆる〝赤ちゃん研究員〟の「驚き反応」に着目し、人がどのようにことばを理解しているか、という言語習得のプロセスを明らかにしてきた。本書はその研究の概要を紹介しながら、これまでに判明した驚くべき知見を紹介していく。そのプロセスを知れば、無垢な笑顔の裏側に隠された「努力」に驚かされると同時に、赤ちゃんへ敬意を抱くこと間違いなし！

L678
英語コンプレックス粉砕宣言
鳥飼玖美子＋齋藤　孝　著

日本人がなかなか払拭することのできない英語コンプレックス。中学・高校の六年間学んでも話せるようにならない絶望が、外国人と軽妙なパーティトークをできない焦りが、過剰な「ペラペラ幻想」を生んでいる。英語教育の現場をよく知る二人が、コンプレックスから自由になるための教育法・学習法を語り合う。とりあえず英語でコミュニケーションを取るための具体的な方策も伝授。黒船ショック以来、日本人に根付いた劣等感を乗り越える！

L691
中国、科学技術覇権への野望
―宇宙・原発・ファーウェイ
倉澤治雄　著

近年イノベーション分野で驚異的な発展を遂げた中国。米国と中国の対立は科学技術戦争へと戦線をエスカレートさせ、世界を揺るがす最大の課題の一つとなっている。本書では「ファーウェイ問題」を中心に、宇宙開発、原子力開発、デジタル技術、大学を含めた高等教育の最新動向などから、「米中新冷戦」の構造を読み解き、対立のはざまで日本は何をすべきか問題提起する。著者がファーウェイを取材した際の貴重な写真・証言も多数収録。

L703
不登校、うつ状態、発達障害　思春期に心が折れた時　親がすべきこと
―コロナ禍でも「できる」解決のヒント
関谷秀子　著

うつ状態、摂食障害、発達障害……。心の悩みを抱えた思春期の子どもたちを病院に連れて行けば、すぐに病名が付き、薬も処方されます。けれど、どんな病名が付いたとしても、子どもの本当の悩みと向き合わずに問題が解決することはありません。思春期の子どもの心の悩みの背景には親子関係や両親の夫婦間関係の問題が隠れていることも多いのです。子どもが再び前向きに生きるために、親が家庭の中でできることがあるのです。

L708
コロナ後の教育へ
―オックスフォードからの提唱
苅谷剛彦　著

教育改革を前提から問い直してきた論客が、コロナ後の教育像を緊急提言。オックスフォード大学で十年余り教鞭を執った今だからこそ、伝えられること――そもそも二〇二〇年度は新指導要領、GIGAスクール構想、新大学共通テストなど一大転機だった。そこにコロナ禍が直撃し、オンライン化が加速。だが、文科省や経産省の構想は、格差や「知」の面から諸問題をはらむという。以前にも増して地に足を着けた論議が必要な時代に、処方箋を示す。